COLECCIÓN POPULAR

619

La globalización financiera

Serie Breves
dirigida por
ENRIQUE TANDETER

Benjamín Hopenhayn
Alejandro Vanoli

La globalización
financiera

Génesis, auge, crisis y reformas

FONDO DE CULTURA ECONÓMICA

México - Argentina - Brasil - Chile - Colombia - España
Estados Unidos de América - Guatemala - Perú - Venezuela

Primera edición, 2002

© 2001, Fondo de Cultura Económica, S. A.
El Salvador 5665; 1414 Buenos Aires
fondo@fce.com.ar / www.fce.com.ar
Av. Picacho Ajusco 227; 14.200 México D. F.

ISBN: 950-557-523-8

Impreso en Argentina - *Printed in Argentina*
Hecho el depósito que previene la ley 11.723

Prefacio

Este libro recoge conocimientos adquiridos en aulas y lecturas, así como vivencias de los autores en debates y negociaciones financieras internacionales, en distintos tiempos, foros y espacios. Pero es fruto, principalmente, de nuestra colaboración a lo largo de varios años en cátedras de Economía Internacional Monetaria y de Finanzas Internacionales en la Facultad de Ciencias Económicas de la Universidad de Buenos Aires, tanto de grado como de posgrado interdisciplinario.

El principal objetivo que nos hemos propuesto con estos capítulos es contribuir a la comprensión de los problemas que aquejan a la Argentina –y a América Latina–, y que tanto se relacionan, como es bien sabido, con su exposición a los avatares de los movimientos de capital a través de las fronteras. En suma, el libro trata de un proceso que en las últimas décadas se ha desarrollado impetuosamente y ha influido en forma decisiva en la economía de la mayoría de los países del mundo: la globalización financiera internacional. Para entender ese proceso, su influencia y sus perspectivas, hay que entender qué pasa en el mundo de las finanzas internacionales, qué se mueve en sus principales centros, qué mueven esos centros.

Una característica saliente del capitalismo de las últimas décadas es la profundización de la globalización. La globalización –en tanto relaciones económicas a través de las fronteras– es un fenómeno antiguo, pero el desarrollo tecnológico y de las comunicaciones alcanzado en el presente potencia las relaciones entre estados y empresas. El avance creciente de la globalización financiera aparece como característica central del capitalismo contemporáneo, pues retroalimenta otras dimensiones de la globalización, como la producción, el trabajo, el comercio.

La realidad y los medios nos bombardean con nociones propias del ámbito de las finanzas como inversiones, deudas, crisis, liquidez, riesgo país, inversores institucionales, productos derivados, etcétera. La verdad es que nos hemos vinculado –¿dependido?–, en mayor o menor medida por nuestra propia voluntad, cada vez más a los mercados de capital, tanto directa (depósitos, inversiones, fondos de Administradores de Fondos de Jubilaciones y Pensiones, AFJP) como indirectamente, debido a su incidencia en variables tan decisivas para la actividad económica como las tasas de interés, los tipos de cambio, el crédito disponible, etcétera. En este libro tratamos de contextualizar y explicar qué significan esos términos, cómo afectan la economía mundial y la de nuestros países.

Por mucho que el ahorro se genere y canalice, principalmente, en el interior de cada sociedad, de cada nación, y aunque los mayores movimientos internacionales de esos ahorros se concentren en los países industrializados, para los países en desarrollo o emergentes las pequeñas fracciones de capital que vienen y se van, desde y hacia los grandes centros de la economía mundial, revisten una incidencia decisiva. Por ello, comprender la dinámica de la globalización financiera contemporánea tiene particular importancia para los países periféricos. En el caso argentino, una mala inserción en esa dinámica ha llevado a la profunda crisis que atraviesa actualmente, más que la economía, la sociedad argentina.

Con este libro nos hemos propuesto acercar al lector elementos para la comprensión de la génesis, el auge, las crisis y los intentos de reformas institucionales de la globalización financiera contemporánea. Nos hemos detenido en su impacto en las economías latinoamericanas, acercando el foco a la situación argentina. Analizamos también, la etiología de las nuevas crisis que se presentan en el marco de la globalización financiera, las razones de su mayor frecuencia y difusión internacional. Presentamos aquellos argumentos que hacen recaer el peso principal en errores de política e ineficiencia de funcionamiento de los mercados llamados emergentes, y otros que destacan fallas del sistema financiero internacional, tanto de regulación como de supervisión efectiva de los mercados financieros en el marco de la creciente libre movilidad de capitales.

Tratamos, asimismo, de esclarecer la incertidumbre de los futuros posibles en dos planos. Por una parte, analizando alternativas de escenarios financieros globales y la inserción que deberían, creemos, tener nuestros países para mejorar su desfavorable situación actual. En otro plano, presentamos la iniciativas y los debates que genera el planteamiento de una Nueva Arquitectura Financiera Internacional, debate renovado especialmente luego de la crisis rusa de 1998, que afectó incluso a los países del centro. En este marco se discuten el papel, los recursos y las funciones de los organismos internacionales, la necesidad de regulación de los flujos de capital, la armonización de políticas monetarias y cambiarias de los países industrializados, la regulación de centros *offshore* y conglomerados financieros, así como de actividades no bancarias desreguladas, etcétera.

Nuestro deseo es que este libro aporte elementos de juicio para comprender mejor la Argentina y el mundo contemporáneo. Esperamos que sirva como herramienta para entender cómo la globalización financiera contemporánea afecta nuestras vidas y las perspectivas de la periferia y de la Argentina, teniendo claras las restricciones aunque también los delgados –pero existentes– márgenes de acción y las alternativas de superación de los problemas. Para el caso argentino, sirve recordar que países comparables al nuestro tuvieron un desempeño superior en el mismo contexto y que, para poder salir de esta larga crisis, hace falta una profunda transformación de las estrategias y políticas aplicadas –el "modelo"–, con matices, en el último cuarto de siglo. La alternativa es el plano inclinado de la decadencia nacional.

Mucho agradecemos el aporte de nuestros alumnos que, en el ejercicio del pensamiento crítico que impulsamos, en estos años nos han obligado (enhorabuena) a repensar y reformar permanentemente aspectos importantes que hacen a estos temas, ejercitando nosotros mismos ese pensamiento crítico.

Y con idéntico espíritu, acercamos al lector nuestra visión acerca de este importante fenómeno de la globalización financiera. Esperamos así ayudarlo a ver más clara la realidad y poder impulsar, cada uno desde su lugar y posibilidades, las acciones para lograr una sociedad mejor.

Benjamín Hopenhayn y Alejandro Vanoli
Buenos Aires, 6 de diciembre de 2001

Nota de los autores

Mientras este libro se encontraba en proceso de edición, "apenas" dos meses después de escrito, el Foro Económico Mundial se desarrollaba alrededor de dos temas centrales por sus importantes efectos en la política y en la economía a nivel global, los efectos de la quiebra de la empresa Enron y la crisis argentina.

No resulta de ningún modo una paradoja que cosas aparentemente tan desconectadas entre sí y "a primera vista" de segundo orden para los líderes mundiales, estén en el tope de la agenda.

Si se analiza con atención puede entenderse que estos dos temas, más allá de sus especificidades y significaciones particulares, conforman dos de las últimas "rajaduras" del sistema [¿sic?] financiero internacional y del mercado de capitales, fallas no casuales ni aisladas, sino habituales y sistemáticas en el actual orden hegemónico global liderado por los sectores financieros internacionales.

Estos hechos ponen de manifiesto la necesidad imperiosa –y más que nunca en la Argentina– de entender los porqués de las crisis y qué elementos nuevos se están discutiendo y negociando en los países centrales con respecto a la Nueva Arquitectura del sistema financiero global. Ése, precisamente, es el objetivo de este libro que espera contribuir al análisis crítico del funcionamiento del poder global y su impacto en los países en desarrollo.

Precisamente el tratamiento que se hace de la crisis argentina, diferenciado del manejo y resolución de otras crisis de países emergentes de la década del noventa por parte del Grupo de los Siete, expresa matices que sólo

11

pueden entenderse a la luz de lo que podría definirse como un intento de establecer nuevas reglas de juego en la administración de las crisis de países endeudados. La inexistencia de consenso entre el Tesoro y el Departamento de Estado del Gobierno de los Estados Unidos y en el propio Fondo Monetario Internacional, sobre el alcance en la modificación de las reglas del juego entre deudores, acreedores y Organismos Internacionales, dilata la suerte, o mejor dicho el infortunio, del conejillo de Indias de turno, la Argentina.

Es muy grande la tentación de revisar y extenderse sobre la Argentina, ya que en tan sólo 60 días pasaron en nuestro país demasiadas cosas, la mayoría, lamentablemente imaginables, algunas otras esperanzadoras.

El colapso del sistema financiero y el reconocimiento de la insolvencia del Estado, así como el de tantas empresas locales sumados al formidable empobrecimiento de la mayoría de la población sólo podían ser negados por los muy necios o por sectores demasiado interesados. Los sucesivos cambios de Gobierno, el fin formal de la convertibilidad –de la cual se podía haber salido en mejores condiciones externas e internas años atrás– y la reacción (¡por fin!) de la población frente a años de desprecio y despojo por parte de la elite política, sobre la que recae una responsabilidad fundamental por acción u omisión, que sin embargo no escapa a sectores empresariales y financieros concentrados, no podían dejar de ser la consecuencia natural ante la descomposición económica y social.

No es propósito del libro hacer foco en la coyuntura argentina, aunque la importancia de su crisis, su rol como virtual cobayo del sistema mundial y fundamentalmente, por qué no, un mínimo sentimiento de patria, obliguen a ir y venir recurrentemente sobre nuestro país a lo largo de estas páginas.

Revisado en estos días de febrero, decidimos dejar el texto prácticamente tal cual lo escribimos a lo largo de

2001 hasta el 6 de diciembre, en el entendimiento de que en el mismo se podrá avizorar cómo es y hacia dónde va el mundo de la globalización financiera, qué estrategias han seguido otros países comparables, por qué la Argentina llegó a la situación actual y qué elementos deberían estar presentes para una recuperación sustentable del país.

Como concesión a nuestro corazón argentino y a la natural ansiedad vital que nosotros como nuestros connacionales lectores tenemos, en momentos crucialmente decisivos como el actual, sólo nos queda resaltar un concepto rector, en tiempos del inicio de distintas y difíciles negociaciones internacionales para la Argentina, la importancia de privilegiar el interés nacional y el de la población, por sobre cualquier interés sectorial interno o externo por poderosos que sean.

Todos sabemos que estos intereses usaron y abusaron de su capacidad de infiltración en gobiernos elegidos por el pueblo, cuando no detentaron el gobierno directamente por la fuerza, y tienen no sólo cuantiosos recursos financieros, sino también un acceso significativo en los medios de comunicación y el control de gran parte de los recursos económicos, pudiendo manipular desde las noticias hasta los precios de bienes y servicios, generar desabastecimiento de productos y crear una creciente sensación de caos y anarquía, para poder mantener sus privilegios e intereses, y agotar o al menos neutralizar esta nueva actitud del pueblo argentino de defensa activa de sus legítimos derechos.

En el pasado, la división del pueblo en falsas antinomias y la existencia de una actitud de relativa anomia social de desinterés por la cosa pública e individualismo extremo constituyeron la razón de ser de años de retroceso económico y social.

Existen algunos signos positivos más allá de la identificación de los responsables de la crisis y los sectores beneficiarios: la movilización y el encuentro de grandes sectores de la clase media y de los sectores más humildes, con sus propias modalidades, la conciencia del poder del consumidor, la actitud de muchos comerciantes que no desean convalidar aumentos injustificados de precios; pero subsisten también debilidades y formidables desafíos entre los cuales se encuentran la inexistencia de una propuesta política alternativa y de dirigentes que la lideren, que supere la protesta en sí misma, las legítimas denuncias y el generalizado rechazo del viejo orden, el uso casi exclusivo del dólar –justificado por nuestra historia no tan lejana y por ende hasta entendible a nivel individual– como alternativa de ahorro, pero incompatible a nivel global con la existencia no sólo de una política monetaria y crediticia autónoma al servicio de los argentinos, sino de un proyecto viable de país.

La falta de resolución de estos desafíos no sólo puede traer aparejados una crisis hiperinflacionaria acompañada de una dolarización sino consecuencias sociales e institucionales tan imaginables como pavorosas.

La única garantía que tiene el pueblo argentino para que el 20 de diciembre haya sido una bisagra en la historia nacional y no un mero accidente, es el mantenimiento y desarrollo de la conciencia crítica y la continuidad en su actitud movilizadora, única garantía de equilibrar la asimetría de poder de negociación con los reales factores de poder y de evitar que vuelvan a instrumentarse políticas –con viejas o nuevas caras– que desde hace 25 años no sólo fueron profundamente injustas sino causantes de la destrucción del país.

De todos nosotros depende.

Los autores
Buenos Aires, 8 de febrero de 2002

Introducción

Las fuertes turbulencias que vienen conmoviendo en los últimos tiempos los mercados financieros y su repercusión sobre la economía mundial han otorgado protagonismo analítico y político al tema de la *globalización financiera*. Las turbulencias han llevado a situaciones o amenazas de crisis a las economías en desarrollo caracterizadas como *mercados emergentes*, y, entre ellas, a gran parte de América Latina. La economía argentina se ha visto especialmente afectada tanto por esas turbulencias como por su desfavorable forma particular de inserción en el proceso de globalización financiera.

Las situaciones críticas que estallan en la periferia, incluida la crisis de Rusia de 1998-1999, no sólo *contagian* a otras regiones y países en desarrollo, sino que también imprimen inusitada volatilidad a las plazas financieras interconectadas de casi todo el globo, con lo cual plantean graves amenazas a la dinámica de la economía mundial. Esto, en el cuadro recesivo que muestra la economía de los países centrales en los últimos tiempos –Japón desde hace una década–, suma un elemento de urgencia a la importancia intrínseca de comprender este fenómeno fundamental de la globalización financiera contemporánea, su desarrollo, sus características, sus perspectivas y su impacto en las economías de la periferia económica mundial.

El conjunto de fenómenos conocidos como *globalización financiera* afecta decisivamente múltiples aspectos de la economía mundial contemporánea. En gran parte del mundo se han ido derribando, en las últimas décadas, las barreras que interferían con los movimientos masivos de capitales a través de las fronteras. Como sostienen los economistas franceses del Centre d'Études Prospectives et d'Informations Internationales, "por primera vez desde comienzos del siglo XX una esfera financiera 'globalizada' vuelve a existir en el corazón mismo de la economía mundial".[1]

La globalización financiera es, pues, una característica fundamental de la transformación de las relaciones económicas internacionales, de la dinámica de la economía mundial contemporánea, de su conformación actual y de sus perspectivas. Como tal, constituye un marco de referencia externo estratégico e ineludible para la formulación de políticas económicas –y no sólo económicas– de todos los países, y no exclusivamente de los periféricos. Aquí abordaremos el tema tomando en cuenta especialmente sus efectos sobre los países en desarrollo de América Latina, en particular de la Argentina.

¿Qué entendemos por *globalización financiera*? En sentido general, el libre movimiento de capitales a través de las fronteras nacionales del mundo. La teoría económica ortodoxa enseña que este fenómeno debería reflejar una gran libertad de movilización de ahorros generados en cualquier parte del mundo hacia oportunidades de inversión en cualquier otra parte. Las inversiones, a su vez, pueden ser consideradas como activos *reales* (producción de bienes y servicios, inmuebles) o como activos *financieros* (títulos y obligaciones, acciones, *derivados*, etcétera).

El presente trabajo se desarrolla en dos partes que abordan distintos temas, estructurados de manera tal de esclarecer la génesis, el auge y los principales efectos de

---

[1] M. Aglietta, A. Brender y V. Coudet, *Globalisation financière: l'aventure obligée*, cap. 5, Centre d'Études Prospectives et d'Informations Internationales (CEPII), París, Economica, 1990.

16

la globalización financiera contemporánea, así como la sucesión de crisis recientes y las propuestas de reforma de la Arquitectura Financiera Internacional. Debe tomarse en cuenta que no es éste, en verdad, un fenómeno nuevo, y que siempre está vinculado con algún proceso de globalización y hegemonía económica más abarcativo.[2] Así, a finales del siglo XIX y a comienzos del XX, se dio también un proceso análogo –aunque más limitado geográfica, institucional y tecnológicamente– bajo la égida del patrón oro y la hegemonía de Inglaterra.

La primera sección de la primera parte comprende cuatro capítulos. En el primero se presenta un marco para el análisis del surgimiento y desarrollo de la globalización financiera contemporánea. Tal marco comprende tres elementos fundamentales: la acumulación de excedentes líquidos o financieros; los cambios en las condiciones institucionales que han facilitado la intermediación internacional de esos excedentes; y la forma en que la revolución tecnológica en el área de la informática y las comunicaciones ha transformado radicalmente la velocidad, confidencialidad y seguridad de la transmisión internacional de recursos e instrumentos financieros. El mismo marco analítico se utilizará también en la segunda sección para examinar las perspectivas futuras de la globalización financiera.

En el segundo capítulo se presentan datos para observar el enorme aumento de las transacciones financieras que instrumentan los movimientos internacionales de capital, sobre todo a partir de la década de 1970. Asi-

---

[2] Para una historia analítica de la globalización económica, véanse los libros de Aldo Ferrer recientemente publicados por el Fondo de Cultura Económica: *Historia de la globalización II. La Revolución Industrial y el Segundo Orden Mundial*, Buenos Aires, FCE, 2000, y *Vivir con lo nuestro. Nosotros y la globalización*, Buenos Aires, FCE, 2001.

mismo se distinguen dos destinos posibles para la masa de dinero que se mueve en los mercados mundiales: por un lado el comercio y la inversión, por otro el arbitraje[3] de activos financieros y la especulación.

En el tercer capítulo se busca establecer un nexo entre la globalización financiera y el universo de la producción y el empleo. Finalmente, el cuarto capítulo enfoca el fenómeno de la internacionalización de los mercados financieros –la *globalización financiera*– desde la óptica de los países de la periferia, con un sesgo inevitable hacia América Latina.

La segunda sección –dividida en dos capítulos–, retoma el marco analítico de la primera (recursos, instituciones y tecnología) para visualizar posibles escenarios futuros del mundo financiero internacional y sus efectos sobre la periferia, en especial, como a lo largo de todo este trabajo, desde la perspectiva particular de América Latina. Para ello, en el primer capítulo se intenta la siempre difícil tarea de prever –dentro de condiciones generales de gran incertidumbre– distintos caminos de evolución de la globalización financiera, haciendo hincapié en sus consecuencias potenciales para los países periféricos. Finalmente, en el segundo capítulo, teniendo en cuenta la gran inestabilidad y volatilidad de los mercados financieros internacionales y su dependencia, entre otras cosas, de la evolución de las condiciones económicas de los países centrales y las "percepciones de los mercados", se presenta un conjunto de reflexiones acerca del impacto de la globalización financiera

---

[3] El arbitraje es una operación financiera de compra y venta simultánea de un producto financiero o una divisa entre dos o más mercados donde hay diferencia de precio. El propósito del árbitro es obtener una ganancia de la diferencia de precio. La teoría económica convencional supone que el efecto de su acción es reducir o eliminar esa diferencia.

sobre las economías de América Latina, las oportunidades y riesgos que conlleva para su desarrollo, así como de los desafíos y alternativas que involucra para las políticas económicas nacionales de los países de la región, aplicables, por supuesto, especialmente al caso de la Argentina.

La segunda parte –dividida en dos capítulos– comprende un análisis de la globalización financiera y de las crisis recientes, así como una evaluación de las iniciativas correspondientes a lo que se ha dado en denominar la reforma del sistema financiero internacional.

En el primer capítulo se analiza el vínculo entre las crisis y el funcionamiento de los mercados de capital; las posibles causas endógenas y exógenas de aquéllas; los enfoques teóricos y la formulación de políticas asociadas con el diagnóstico de las posibles causas, que suponen una mayor responsabilidad en las políticas domésticas, en un caso, y en la reformulación del funcionamiento intrínseco del sistema global, en el otro.

Posteriormente se estudian las características de las crisis mexicana, asiática, rusa, brasileña y argentina para llegar a observar hasta dónde inciden factores globales y causas específicas, con especial detenimiento en los efectos de esas crisis en el sistema global (contagio) en términos de duración, frecuencia y difusión regional y/o global.

El segundo capítulo abarca las razones por las cuales los países desarrollados retoman la idea de revisar íntegramente el sistema financiero internacional y los puntos centrales de la agenda, entre los que se encuentran el rol de los organismos internacionales en el nuevo contexto global, ciertas cuestiones vinculadas con la creación y distribución de la liquidez internacional, el debate acerca de la pertinencia de un prestamista internacional de última instancia, el debate de políticas cambiarias para reducir la volatilidad global, la aplicación de mayores regulaciones a los centros *offshore* y a inversores no bancarios, y la formulación y aplicación internacional de estándares y códigos internacionales para un mejor funcionamiento de los sistemas financieros de valores, seguros, pensiones, etcétera.

Estudiaremos, a propósito de estos temas, las distintas propuestas presentadas a nivel internacional, ya sea por parte de los organismos multilaterales, como las formuladas por los gobiernos nacionales y por personalidades del ámbito académico y de las finanzas internacionales. Veremos, asimismo, en qué medida se han producido reformas significativas y en qué áreas prácticamente no se ha avanzado, así como las razones y los intereses por los cuales prevalece un virtual *statu quo* –lo cual, a nuestro juicio, augura potenciales futuras crisis nacionales y sistémicas–.

Por último, presentaremos las reflexiones finales –resultado de los hechos y análisis presentados a lo largo de los capítulos– que en tanto autores queremos hacer llegar al lector.

Primera parte

La globalización financiera
contemporánea

1. Desarrollo e impactos

Génesis y auge de la globalización financiera contemporánea

¿Cómo se fue conformando esta globalización financiera característica del mundo económico contemporáneo? ¿Cuáles fueron las transformaciones estructurales de las últimas décadas que crearon las condiciones para una creciente internacionalización de los mercados financieros?

En los veinticinco años que siguieron a la Segunda Guerra, la "dorada época" de gran crecimiento de la producción y el comercio, se acumulan cuantiosos excedentes financieros que van a fortalecer los mercados de capitales. Se forma así, la *masa* de la futura transformación de los mercados financieros dentro y a través de las fronteras.

Las instituciones que regulan e intermedian estas crecientes masas de dinero se van transformando, en una natural puja dialéctica entre mercados y estados. A medida que crece la fuerza de los mercados, éstos buscan liberarse de limitaciones (regulaciones públicas nacionales e internacionales) para maximizar su potencial de beneficios. Los estados, por otra parte, procuran mantener un régimen ordenado que haga más eficiente –transparente y competitivo– el funcionamiento de los mercados y evite así los riesgos que su libertad absoluta plantea para el sistema en su conjunto.[1]

---

[1] La literatura económica contemporánea distingue en particular los llamados *riesgos morales* (especulación, corrup-

Vale la pena detenerse en tres transformaciones que, a lo largo de las últimas décadas, ocurren en el marco institucional de las finanzas internacionales (y también nacionales), para comprender mejor cuál es la situación que prevalece actualmente y, tal vez, cuáles pueden ser sus perspectivas de cambio.

Institucionalmente, en el plano *regulatorio* superior, o sea el régimen de acuerdos internacionales de gobiernos sobre las reglas del juego que deberían aplicarse en las relaciones financieras internacionales, hasta fines de la década de 1960 se cumplieron bastante plenamente los acuerdos de "paz y prosperidad" establecidos en Bretton Woods en la Conferencia de 1944 –que dio lugar a la creación del Fondo Monetario Internacional (FMI)– donde fueron fijadas las reglas del juego para un nuevo orden monetario internacional. Este nuevo orden procuraba conciliar la liberalización del comercio y las finanzas internacionales con una cierta autonomía de la política económica de los distintos países para atender a sus necesidades de desarrollo y pleno empleo.

En suma, como bien lo expresa James Tobin, "el sistema monetario internacional –la interconexión de las monedas nacionales entre sí– ha sido y es un factor crucial en la estabilidad y prosperidad económicas del mundo". Así lo entendieron y procuraron establecerlo los artífices de los Acuerdos de Bretton Woods.

Para ello, dos de los pilares fundamentales del nuevo orden establecido en esos acuerdos eran mantener lo más posible paridades cambiarias fijas y permitir un cierto control de los movimientos de capital, siempre que no obstaculizara la expansión del comercio internacional.

---

ción) de la información asimétrica que caracteriza a los mercados financieros, dando así ventajas a unos agentes sobre otros. Estos temas se presentan y analizan en la segunda parte de este trabajo.

La acción de los pujantes mercados financieros y la debilidad del dólar derribaron, a comienzos de la década de 1970, estos dos fundamentos del orden monetario internacional establecido en los acuerdos de Bretton Woods. Desde entonces, las reglas del juego del dinero internacional no son explícitas, no son claras, no son estables.

Un rápido recuento de las transformaciones del ámbito monetario internacional ocurridas en las décadas siguientes nos ayudará a comprender cuáles son las reglas del juego que van sucediéndose en un mundo que se caracteriza, y en gran parte es dominado cada vez más, por los poderes de la globalización financiera. Y que plantea graves interrogantes sobre el desarrollo futuro de la economía mundial. Adelantemos la importancia del tema, que volveremos a tratar más adelante.

Uno de los dilemas más complejos e importantes que surge de una visión estructural, es decir, de mediano o largo plazo, es cómo prevenir que los libres mercados financieros globalizados no generen finalmente una situación en que la razón financiera impere sobre las necesidades fundamentales de producción, empleo y estabilidad de la economía mundial. O, en una visión tal vez exageradamente catastrófica, una situación en que la velocidad de enormes transacciones simultáneas no genere un Estado cercano al caos, con resultados desastrosos para la economía mundial, tal como ocurrió con las grandes crisis de fines del siglo XIX o la Gran Depresión de los años treinta.

Comencemos con el régimen monetario adoptado en Bretton Woods para la posguerra. Ese régimen se fundaba en paridades cambiarias fijas, ajustables sólo por excepción y de distinta manera según se tratara de excepciones coyunturales o estructurales. Contemplaba una moneda central de referencia, el dólar, con precio fijo por onza de oro. Se procuraba así lograr la estabilidad cambiaria sin la rigidez del patrón oro (que, según las

advertencias de Keynes, restringía las políticas macroeconómicas nacionales e implicaba peligros de rápida
transmisión internacional de crisis nacionales).

A pesar de las reglas escritas, la realidad impuso un patrón monetario internacional que McKinnon resume así:

> De hecho se impusieron tipos de cambio y un ni-
> vel común de precios para los bienes transables; y
> la autonomía macroeconómica de los países parti-
> cipantes [en el nuevo orden monetario] fue de
> nuevo restringida por un patrón monetario interna-
> cional. [...] Esto resultó en un tratamiento asimé-
> trico de las naciones [se está refiriendo principal-
> mente a las naciones industrializadas] con reglas de
> juego distintas para los Estados Unidos [potencia
> monetaria hegemónica] y para todas las demás.[2]

Vuelve, pues, a imperar en la posguerra un régimen monetario hegemónico, como el que había prevalecido con
la libra inglesa en la plena vigencia del patrón oro. Ese
régimen hegemónico, asentado en el poderío económico y financiero de los Estados Unidos, proporciona reglas claras y estables, además de una base monetaria previsible para el crecimiento sostenido de la producción
y el comercio mundiales, con bajas tasas generales de
inflación, condiciones que se registran en la economía
mundial a lo largo de los llamados "años dorados" de la
posguerra.

Pero desde mediados de los años sesenta se debilita la
solidez del dólar, a medida que se reduce su respaldo en
oro; los Estados Unidos afrontan problemas de competitividad con las reconstruidas economías de Europa y

[2]   Ronald I. McKinnon, "The Rules of the Game: International Money in Historical Perspective", en: *Journal of Economic Literature*, American Economic Association, Pittsburgo,
Pensylvania.

Japón, y resuelven proyectos nacionales, como la guerra de Vietnam y los gastos que involucraba la "gran sociedad" que prometía realizar el presidente Lindon Johnson con altos déficit fiscales. Y el régimen adoptado en Bretton Woods, concluye abruptamente a los pocos años, a comienzos de la década de 1970.

En realidad, las bases del régimen se habían ido erosionando desde tiempo atrás. El debilitamiento del respaldo en oro del dólar (que da lugar a crecientes movimientos especulativos contra la moneda hegemónica) y el fortalecimiento de los mercados financieros internacionales va debilitando el régimen monetario establecido. Finalmente, a lo largo de los primeros años de la década del setenta se derrumban los muros de Bretton Woods y se pasa de un régimen basado en cambios fijos a otro basado en cambios flotantes. Esto, y el crecimiento rápido de los movimientos internacionales de capital poco o nada regulados, señala el comienzo de lo que podríamos llamar *la globalización financiera contemporánea*.

Junto con el desmantelamiento del régimen de Bretton Woods, la economía mundial entra en un período de estancamiento con inflación, con una gran volatilidad de tipos de cambios, de tasas de interés, de precios. Para enfrentar esos peligros, luego de un fallido intento de reimplantar un nuevo orden consensuado con la reforma de la carta del FMI, los Estados Unidos adoptan, a finales de la década de 1970, un fuerte giro de política monetaria conocido como el Plan Volcker. Visto en retrospectiva, este ajuste de base monetaria presenta los siguientes resultados principales: después de una profunda recesión –la mayor desde la crisis del treinta en términos de descenso del Producto Bruto Interno (PBI)–, frena de cuajo la inflación, aumenta abruptamente las tasas de interés reales en el mundo, revaloriza fuertemente el dólar, y coincide con la explosión de los déficit fiscal y de balance de pagos de los Estados Unidos (también, como es sabido, contribuye a desencadenar la crisis de la deuda de América Latina, al aumentar abruptamente las cargas de interés de la misma, al tiempo que cae la demanda mundial y los precios de sus principales productos de exportación).

Ya hacia mediados de los años ochenta, el dólar se había revalorizado de tal manera que se tenía la impresión de estar en una gran burbuja cambiaria que podría explotar con riesgo universal. Aquí se hace presente otro cambio institucional de importancia: el acuerdo entre los grandes del Grupo de los Siete (G-7),[3] que en realidad es el acuerdo entre los Estados Unidos, la Comunidad Europea y Japón, para actuar concertadamente en el mercado internacional de cambios. Cabe señalar que, a pesar de sus enormes déficit comerciales, las reservas de los Estados Unidos ascienden del orden de 10 mil millones de dólares a mediados de los años ochenta, a 50 mil millones a comienzos de los años noventa).

La historia de los últimos años muestra que tales acuerdos no han podido impedir episodios conocidos de especulación o ataques especulativos contra divisas, en particular, contra divisas de países de la periferia –México en 1995, Tailandia, Indonesia y otros países asiáticos en 1997-1998, Rusia 1998-1999, Brasil 1999-2000, Turquía y Argentina 2001,...–,[4] aunque parece haber contenido parcialmente la volatilidad cambiaria entre las monedas de los principales países industrializados.

---

[3] El G-7 o Grupo de los Siete reúne al más alto nivel político y económico de los gobiernos de Alemania, Canadá, Estados Unidos, Francia, Gran Bretaña, Japón e Italia (y más recientemente a Rusia en carácter de observador).

[4] En la segunda parte se hace un análisis más detallado de estas crisis, que en la periferia se extendieron a sus sistemas financieros y a la economía en general.

De todos modos, las fluctuaciones de los tipos de cambio dominantes siguen siendo históricamente muy altas como para poder calificarlas de *normales*.

Otro esfuerzo institucional de los estados por reducir los riesgos sistémicos internacionales y nacionales se viene realizando –a través de sus bancos centrales–, pacientemente, desde hace una década, al menos en el seno del Banco de Ajustes Internacionales, o Banco de Basilea, con la formulación y concertación de acuerdos multilaterales para homogeneizar las regulaciones y coordinar la supervisión operativa de las bancas nacionales y transnacionales de los países participantes. Estos Concordatos de Basilea, que ya se aplican a las actividades bancarias de los principales países, procuran ahora, con grandes dificultades, extenderse a las actividades financieras no estricta o tradicionalmente bancarias, que conforman una masa cada vez mayor y que constituyen, de hecho, otra de las transformaciones monetarias internacionales que sustentan la globalización financiera. A ella pasamos.

Desde mediados de la década de 1960, junto con la erosión de las reservas del dólar, la relativa abundancia de recursos financieros en otros países industrializados, el cuestionamiento político (De Gaulle) a la hegemonía monetaria del dólar y algunos fenómenos especulativos en los mercados cambiarios, surgen instituciones financieras desligadas de centros de regulación y supervisión. Nacen en la *City* de Londres y se expanden explosivamente después de las convulsiones de comienzos de los años setenta. Son los llamados *euromercados* y *centros financieros extraterritoriales*, conocidos por su denominación inglesa de *offshore*.

Estas instituciones desreguladas ofrecen a depositantes del mundo ventajas muy grandes sobre la banca institucionalizada: anonimato (inclusive el tributario), liberación de controles, gran movilidad para trasladar fondos de una u otra parte (acrecentando la dificultad de rastrear el origen y la colocación de esos fondos). Esas ventajas no quedan limitadas a paraísos fiscales *offshore*, sino que se extienden por las finanzas internacionales en general, con la transformación de las actividades de los grandes bancos transnacionales (operaciones *fuera del balance*) y el rápido ascenso de otros intermediarios financieros no bancarios.

Sobre este escenario de fines de los años sesenta –primero, debilitamiento y luego desmantelamiento del régimen de Bretton Woods, y el florecimiento de instituciones financieras extraterritoriales y desreguladas– se descargan dos *shocks* económicos internacionales, que tuvieron efectos colosales sobre la economía mundial. A comienzos de los años setenta el *shock* de los precios del petróleo, que genera enormes excedentes líquidos sin posibilidad de colocación en los países superavitarios. Brota, entonces, una masa de petrodólares que va, principalmente, a las arcas de los grandes bancos. Para éstos, el problema se invierte: más que de captar fondos, se trata de colocarlos con ganancia. Ello da origen, en buena parte, a la crisis de la deuda externa latinoamericana de la década de 1980:[5] entre 1976 y 1982, la deuda creció de 11 mil a 40 mil millones de dólares. Ya a partir de 1980, prácticamente no hubo ingreso *neto* de capitales, hasta fines de la década o comienzos de los años noventa, en que se inicia otra oleada de ingreso de capitales, muy intensa pero de corta duración (primer quinquenio

---

[5]   Para un desarrollo de esta relación entre los cambios de las reglas de juego de la moneda internacional y la crisis de la deuda de los países latinoamericanos puede verse Benjamín Hopenhayn y Marcelo Dinenzon, "El régimen monetario internacional y la crisis de la deuda", en los documentos del Centro de Investigaciones Sociales y Económicas de Argentina (CISEA), Buenos Aires, 1987.

de los años noventa). Después se descargan las crisis que se verán en la segunda parte.

Otros *shocks* financieros internacionales ocurren a lo largo de los años ochenta: la crisis de la deuda latinoamericana, que amenaza los balances de los mayores bancos internacionales, y los grandes desequilibrios de las cuentas corrientes del balance de pagos, sobre todo entre los países más importantes del Norte. Estos desequilibrios deben compensarse, como se sabe, por la vía de la cuenta de capitales: los países con superávit en cuenta corriente suelen ser exportadores de capital, mientras que, al contrario, los que tienen déficit suelen ser receptores (esto puede interpretarse también, siguiendo el esquema sintetizado en las primeras páginas, como un traslado internacional de los ahorros desde donde se generan hacia donde se necesitan y rinden más). Aquí, el factor principal es el gran déficit externo de los Estados Unidos, iniciado en 1982, que continúa aún hoy con magnitudes superiores a los 200 mil millones de dólares anuales. El financiamiento de este déficit genera grandes movimientos de capital de diverso tipo hacia ese país, que nutren el proceso de globalización financiera.

Como el *shock* petrolero anterior, estos grandes movimientos internacionales de capital tienen lugar después de derrumbados los muros de contención establecidos en Bretton Woods, especialmente a través de la regulación de los tipos de cambio y de los requisitos de equilibrio de balance de pagos. En otros términos, ocurre en un mundo de cambios flotantes, de un grado de volatilidad al cual parece que nos estamos acostumbrando, pero que resulta incompatible –si atendemos a las lecciones de la historia económica del mundo– con períodos de orden, crecimiento y estabilidad. Recordemos que, desde el punto de vista de los tipos de cambio –uno de los ejes de las relaciones económicas internacionales–, en la primera mitad de la década del ochenta el dólar se revaloriza con respecto a las otras principales monedas en más del 50%; y que se desvaloriza tanto o más aún en los tres años subsiguientes. Y acordemos que desde entonces pueden registrarse variaciones anuales de las paridades de las principales monedas del mundo del orden del 20 al 25%, magnitud que sólo tiene precedentes históricos en períodos de grandes crisis y turbulencias.

Hasta aquí vimos que coinciden dos fenómenos estrechamente vinculados entre sí. Por una parte, una fuerte expansión de masas de recursos financieros para ser intermediados –por organizaciones bancarias y no bancarias– en los mercados de capitales internacionales. Por la otra, trascendentes cambios institucionales en el orden monetario internacional, en sus *reglas del juego* (de cambios fijos a cambios flotantes, de requisitos de equilibrio y una cierta simetría de balances de pagos a fuertes desequilibrios con asimetrías) y en las condiciones de la intermediación financiera (desmantelamiento de restricciones y regulaciones a los movimientos de capital a través de las fronteras).

Sobre estas condiciones potenciales ofrecidas por la masa de dinero móvil y la liberación institucional se descarga el impacto de la revolución tecnológica en la informática y en las comunicaciones. Los cuantiosos fondos acumulados en instituciones altamente desreguladas circulan entonces globalmente a través de los satélites que unen los mercados financieros del mundo en días de veinticuatro horas.

Dimensiones y destinos
de la globalización financiera

¿Cuál es la magnitud de la globalización financiera en términos cuantitativos? La masa de dinero que fluye a través de los mercados internacionales, ¿tiene como destino principal el financiamiento del comercio y la inversión, o da prioridad a otros objetivos?

Si bien la magnitud, velocidad y características con que se mueven esas enormes masas de dinero a través de las fronteras no permiten una estimación precisa de sus dimensiones ni sus destinos, puede aceptarse como indicador cuantitativo de la globalización financiera el espectacular aumento que captan las estadísticas de los organismos internacionales especializados: se multiplica en más de cien veces en el último cuarto del siglo XX. La formidable masa de dinero que se mueve a través de las fronteras (1,6 billones de dólares diarios según los últimos informes del Banco de Basilea, que es la fuente más fidedigna) puede dividirse en dos esferas que, por supuesto, están intercomunicadas: la que flexibiliza y amplía las fuentes del financiamiento internacional para fines de crédito (un gran porcentaje del cual está dedicado al financiamiento de los desequilibrios de pagos externos), comercio e inversión; y la que se dedica al arbitraje y la especulación.

Aunque es sumamente difícil tener estadísticas confiables en un mundo donde las transacciones se hacen a través de satélites de comunicación y teclados de computadoras, existen datos que sirven para ilustrar órdenes de magnitud: las transacciones anuales en los mercados de divisas superan en más de cincuenta (¡50!) veces el valor del comercio y las inversiones directas internacionales. ¿Cuál es el destino del resto? Éste es uno de los grandes enigmas de la economía internacional contemporánea, que preocupa a los investigadores académicos y a los responsables de la política monetaria de los países centrales. Sobre este tema tan importante y tan controvertible proliferan tanto las estimaciones como la literatura económica.

En efecto, cabe preguntarse a dónde van esos miles de millones de dólares que diariamente circulan por las mesas de dinero internacionales sin financiar directamente actividades de inversión física, producción ni comercio. Hemos buscado explicaciones en trabajos especializados y en informes de organismos internacionales dedicados al estudio de estos temas –Fondo Monetario Internacional (FMI), Banco Mundial, Organización para la Cooperación y el Desarrollo Económicos (OCDE), Conferencia de las Naciones Unidas sobre Comercio y Desarrollo (UNCTAD), Bank for International Settlements (BIS)–. No hemos encontrado respuestas definidas. Finalmente, hemos llegado a la conclusión de que se ha ido creando una suerte de mercado internacional de capitales cuyos vínculos con la producción de bienes y servicios reales son muy débiles o alejados. Ese mercado genera su propia renta en un comercio de dinero que, vía teclados de computadoras y en tiempo real, une mesas de dinero alrededor de la tierra por medio de satélites de comunicación; esas mesas de dinero se especializan en el comercio de activos financieros, aunque reciben y transmiten señales al mundo de la producción y el trabajo.

El FMI ha estado preocupado desde hace más de una década por la etiología del fenómeno, y se ha concentrado en un síntoma: la *discrepancia estadística* de los balances de pagos del mundo. Las cuentas no cierran. Múltiples estudios han tratado de encontrar las fuentes de la *discrepancia*. No han llegado a conclusiones más firmes que "hay que mejorar las estadísticas". Pero infieren la importancia que tienen los tráficos de drogas y de armas, los centros financieros *extraterritoriales* y las argucias de facturación en el comercio internacional. Pensemos en las dimensiones que puede adquirir la acumulación a lo largo del tiempo de este *dinero negro* internacional –y no es el único dinero negro que circula por el mundo– que en las *discrepancias estadísticas* oficiales del FMI suma casi 50 mil millones de dólares anuales desde hace más de diez años. Pensemos en su peso creciente, no sólo en la economía internacional, sino en las economías nacionales, sobre todo en las más débiles y desreguladas. Aunque nos salgamos del tema de este trabajo, pensemos en su capacidad de influencia sobre el poder político y en su capacidad de corrupción.

La globalización financiera y el mundo de la producción y el trabajo

¿Cuál es la relación existente entre la globalización financiera contemporánea y el mundo de la economía *real* de la producción, el comercio, el empleo?

La preocupación política central de la economía es cómo hacer que ésta funcione eficientemente como herramienta social, a través de sus objetivos de crecimiento, distribución, equilibrio de precios. Esto debe traducirse, fundamentalmente, en producción, intercambio y empleo para mejorar el bienestar de la población. ¿Cuál es el papel o la contribución de la globalización financiera –que está en el núcleo de las relaciones económicas internacionales– al desarrollo nacional e internacional, o, en los términos de la teoría del intercambio, al bienestar general?

Una de las conclusiones a que lleva el análisis del destino de los fondos que circulan a través de globalización financiera contemporánea –que se parece en esto, a fenómenos análogos que registra la historia, sobre todo en la Europa del siglo XIX aunque en otro mundo económico y social y político, en otras dimensiones y otros alcances– es su distanciamiento del mundo real de la producción, el comercio y el trabajo. Por el contrario, en cierto modo, aparece como cada vez más vinculada con el negocio de los activos puramente financieros, en una suerte de *esfera monetaria* cada vez más alejada de la *esfera real* de la economía.

Sin pretender una respuesta universalmente válida a ese dilema, podemos adelantar que la globalización financiera tiene relaciones diversas con la llamada economía *real* (de la producción, el comercio y el empleo). Entre otras cosas, su relación con la trasnacionalización de la economía es bastante clara.

El hecho de que el dinero circule más libremente entre las naciones facilita las actividades de los agentes que están mejor vinculados al sistema financiero. Allí es donde podemos encontrar la relación entre la globalización financiera y el proceso de trasnacionalización de la producción y el comercio liderado por las grandes firmas multinacionales. O sea que, desde este punto de vista, la circulación internacional del dinero sería –en su parte no puramente especulativa– funcional a la globalización económica que caracteriza al mundo contemporáneo.

La globalización financiera desde la periferia: una primera aproximación

¿Qué efectos tiene el ingreso de capitales internacionales en las economías receptoras? ¿Es importante la forma en la cual ingresan los capitales (préstamos, inversiones, compra de títulos y otras colocaciones de cartera financiera, operaciones de arbitraje)? ¿Son importantes sus condiciones, sus plazos?

Una característica central de la globalización financiera es que el movimiento internacional de capitales se concentra en los países industrializados o centrales (véase, como ejemplo notable, el financiamiento del déficit externo de los Estados Unidos, que en veinte años pasaron de ser el mayor acreedor a ser por lejos el mayor deudor del resto del mundo). Pero la globalización o trasnacionalización financiera también ha creado y sigue creando oportunidades – y riesgos– para un grupo selecto de países periféricos, calificados en la jerga financiera como *mercados emergentes* (principalmente de Asia y de América Latina). La percepción de oportunidades y riesgos es sumamente cambiante en los últimos años. Por ejemplo, a comienzos de los años noventa se la percibe como un gran aporte potencial para el desarrollo de un grupo de países periféricos, entre ellos la Argentina. Y a partir de mediados de esa década se da mayor relevancia a los riesgos que implica la volatilidad de esas corrientes de capital, sobre todo de las llamadas inversiones de cartera (a diferencia de la inversión extranjera directa), cuya naturaleza procíclica puede provocar auges de liquidez del mismo modo que situaciones de recesión o crisis por detención o reversión del movimiento de tales capitales.

Hay que tomar en cuenta otra característica central de la nueva globalización financiera: la asimetría en la volatilidad y formas de sus flujos hacia países centrales y hacia países periféricos. En tanto los primeros cuentan con una oferta firme de préstamos e inversiones internacionales a plazos y tasas de interés bastante homogéneas, los países periféricos han debido hacer frente a una gran volatilidad en la disponibilidad de fondos. Esta volatilidad parece depender de los ciclos de la economía de los países centrales, que entre otras cosas se traducen en los llamados *ciclos de crédito*. Esto agrega una vulnerabilidad externa a la economía estructuralmente vulnerable de los países periféricos: la vulnerabilidad en esos *ciclos de crédito*, a cambios que suelen asumir caracteres de tipo *shock* en el flujo de capitales externos. Pero también depende, como lo demuestran los traumáticos episodios de las diversas crisis que se suceden con inusitada frecuencia y peligros para el sistema desde mediados de la década del noventa. Crisis que estallan en un país y se extienden por *contagio* hacia otras regiones de la periferia, y aun a la *segunda* economía industrial, como es la del Japón, y a mercados de países centrales como los Estados Unidos y Europa. Por supuesto que estas crisis se asocian a otros fenómenos de naturaleza más volátil y especulativa, vinculados a lo que suele llamarse los *sentimientos* (¡gran paradoja semántica!) de los *mercados*.

La Argentina y otros países de América Latina experimentaron ya varias veces estos *shocks*, desde la profunda y prolongada crisis de la deuda. La misma vulnerabilidad a *shocks* externos, percibida por los mercados financieros internacionales, impone altas primas de interés y reduce los plazos de los fondos que ingresan del exterior. Esto tiene un efecto de contagio sobre los activos financieros internos, encareciendo e imponiendo condiciones más rígidas para el capital de préstamo que sustenta las actividades productivas locales.

Distingamos: no existe un universo homogéneo de *mercados emergentes*. Su diversidad estructural, política, geográfica y de estrategias económicas es obvia: la distancia entre los países de Asia (China en especial), Rusia y los de América Latina es de sobra conocida. Y aun en cada continente o subcontinente las diferencias son importantes. Del lado de las corrientes de capital, hay importantes diferencias o asimetrías en las dimensiones, la continuidad y el destino de los fondos que se han dirigido hacia diversos mercados emergentes de la periferia en la última década. Si dejamos de lado los movimientos puramente especulativos, vemos que, en general, los países de Asia, además de recibir recursos financieros de *cartera*, es decir fondos líquidos, recibieron un excepcional influjo de inversiones extranjeras directas orientadas a aprovechar el mercado de consumo interno y las condiciones de producción y participación en el comercio internacional. Por otra parte, en América Latina prevalecieron las denominadas inversiones directas vinculadas al proceso de privatizaciones y las inversiones de *cartera* no directamente canalizadas a inversiones productivas.

Otra diferencia importante –ampliamente tratada en la literatura económica– entre la naturaleza y el destino de los fondos externos, es que en Asia, en general, las inversiones extranjeras directas –y el uso nacional de otras fuentes de financiamiento– están estrechamente vinculadas a la inserción internacional de esas economías. Buena parte de los fondos, en efecto, se destinan a aprovechar ventajas comparadas preexistentes (mano de obra abundante y barata), y a crear tecnología y ventajas dinámicas en sus exportaciones de productos no tradicionales. En América Latina, salvo excepciones, esos fondos parecen destinarse a aumentar el consumo, financiar la reestructuración del Estado –principalmente por la vía de las privatizaciones– y aprovechar ventajas comparadas estáticas basadas en la explotación de recursos naturales. Chile y Brasil, en forma diversa, constituyen excepciones a este patrón normal de comportamiento.

Sin explorar la diferencia en profundidad –a lo que se ha dedicado una vasta y polémica literatura académica e institucional–, cabe señalar una discrepancia notable. En los países de mayor crecimiento sostenido, y en los que más rápida y airosamente salen de las crisis, se advierte un círculo virtuoso entre ahorro externo y ahorro interno: este último crece vigorosamente (en Asia y Chile llegan a superar el 30% del PBI). En los países cuya actividad económica se ha mostrado más sujeta al vaivén de los flujos externos, el ahorro interno se mantiene en niveles relativamente bajos. De ahí que se haya advertido que el ingreso masivo de capitales externos no discriminado ni regulado puede, en algunos casos, tener un efecto nocivo, ya cuando financia directamente un aumento considerable del consumo, privado y público, ya cuando sustituye ahorro interno en el financiamiento de la inversión (en este último caso, libera fondos para ser volcados al consumo). En ambos casos el efecto es un debilitamiento del ahorro interno indispensable para un proceso de inversión y crecimiento sostenidos.

Cabe aquí la digresión de insertar una cruda observación de Robert Lucas, Premio Nobel y maestro de la más pura ortodoxia: "Los flujos de capital son simplemente contratos de préstamos: el país pobre adquiere ahora capital del rico, en retorno de promesas de flujos de bienes en sentido contrario, durante una fase (que puede durar para siempre) en forma de pagos de interés o utilidades repatriadas".

La forma de superar esta situación de desventajosa dependencia estructural es la que se da a través de lo que la CEPAL llama el *círculo virtuoso del endeudamiento*: en una primera fase el endeudamiento se canaliza, en gran parte, hacia inversiones de alto retorno e internacionalmente competitivas; éstas, en una etapa posterior, son capaces de generar los recursos financieros locales y las divisas con que servir la deuda contraída –en forma de préstamos o inversiones directas–, y producir excedentes para continuar el proceso de inversión-crecimiento y liberarse del estrangulamiento externo a través de los superávit de su balance comercial (por la vía de las exportaciones y la sustitución de importaciones, especialmente industriales).

En los casos en que el esfuerzo nacional de ahorro e inversión no fortalece la capacidad estructural de crecimiento autosostenido de una economía periférica, la globalización financiera no sólo facilita temporalmente el acceso a recursos del resto del mundo –de hecho, lo hizo en forma impresionante en ciclos de crédito favorables en la última década– sino que, paralelamente, aumenta la dependencia de esos recursos y de los principales actores que deciden su distribución en el plano internacional. En tales casos, las políticas nacionales se ven cada vez más condicionadas por la "opinión de los mercados internacionales", lo cual transforma un problema de obtención de recursos financieros en un problema de cesión de poder sobre las decisiones políticas, económicas y sociales. No es éste un problema nuevo. Forma parte, es sabido, de las relaciones entre centro y periferia. Sólo que la globalización financiera lo agudiza. Las crisis antes citadas, y en especial las crecientes dificultades de gran parte de América Latina, confirman los peligros reales de esta relación de dependencia financiera.

Por mucho que la economía mundial esté signada por dosis crecientes de incertidumbre –y que las economías centrales estén atravesando por un período recesivo que afecta las corrientes comerciales y financieras–, sería pecar de falta de equilibrio analítico, o aun de realismo, poner más énfasis en los riesgos que en las oportunidades de acceso a los mercados de capital internacionales. La globalización financiera es un hecho fundamental de la economía internacional contemporánea. Constituye, asimismo, una fuente de traslación internacional de ahorros y, por ende, una fuente de oportunidades de financiamiento de la producción y el comercio. Pero el aprovechamiento de esas oportunidades, si bien condicionado por factores exógenos, exige la adopción de políticas conducentes al desarrollo y la transformación estructural de las economías nacionales de países de la periferia. La importancia de las estrategias y las políticas nacionales se hace patente en la trayectoria reciente de los países de la periferia, si se estudia el tema en la forma casuística necesaria para no caer en generalidades peligrosas.

Vivimos –y probablemente seguiremos viviendo– en un mundo de globalización financiera. A él debemos adaptarnos, como al clima. Pero la adaptación puede ser *pasiva* o *activa*: desde el sometimiento a las condiciones del capital financiero internacional, hasta la negociación prudente pero firme para procurar en tiempo y forma los recursos externos adecuados para complementar el ahorro interno, a fin de sustentar la inversión conducente al desarrollo nacional.

2. Escenarios y políticas

Perspectivas de la globalización financiera

¿Qué alternativas cabe prever para el futuro de la globalización financiera? ¿Cómo afectarían tales alternativas a las economías de los países de América Latina? ¿Y cómo, en particular, a la Argentina? La sucesión de crisis con efectos sistémicos (que estallan en unos países y se contagian a otros, especialmente a los mercados emergentes pero también a mercados financieros de los países centrales) llevó a los gobiernos de los países capitalistas más importantes del globo, a través del G-7, a plantear la necesidad de hacer una revisión de la *Arquitectura Financiera Internacional*. Las crisis y el desarrollo de esta iniciativa, incluyendo las reformas que comprende, son materia de la segunda parte de este trabajo. Aquí trataremos de analizar las perspectivas de la globalización financiera contemporánea y sus posibles efectos sobre las economías latinoamericanas, especialmente de la Argentina, sobre la base del marco analítico desarrollado en los capítulos anteriores.

Empecemos por hacer algunas advertencias fundamentales acerca de las grandes limitaciones que implica arriesgar previsiones –en una economía mundial de escenarios tan inciertos– sobre las perspectivas a mediano o largo plazo de la globalización financiera y su impacto en las economías nacionales. En primer lugar, porque la teoría económica misma todavía no ha incorporado plenamente la incertidumbre como categoría analítica susceptible de modelización dinámica. Y, en este caso particular, porque la globalización y la economía internacionales constituyen procesos dinámicos influidos por múltiples variables. Resulta muy difícil concebir un *modelo* económico que incluya los parámetros y variables más relevantes y establezca sus interrelaciones. Más difícil aún es la tarea, ya que desde hace décadas la economía mundial y, en especial, las finanzas internacionales, navegan en mares de inestabilidad e incertidumbre excepcionalmente agitados. Tal vez por ello John K. Galbraith llamó al siglo XX el "siglo de la incertidumbre".

Las advertencias anteriores imponen modestia al emprender un intento por prever las perspectivas de evolución de la globalización financiera y su vinculación con la economía internacional contemporánea, en una relación, por supuesto, interdependiente. Corresponde advertir también aquí que el intento de avizorar futuras tendencias tiene, en estas páginas, un objetivo determinado: cómo afectarán esas tendencias a los países periféricos, y a América Latina en particular. Y conviene advertir además que somos conscientes de que los agitados tiempos financieros que vivimos no ofrecen un buen marco temporal para los pronósticos de carácter estructural (tampoco para los de corto plazo, como lo muestran los hechos más recientes).

Resumamos el esquema analítico utilizado hasta ahora para comprender de qué manera la globalización financiera se ha convertido en una característica fundamental de la economía contemporánea. Su explosivo crecimiento en las últimas décadas se relaciona básicamente con cambios en: *a)* el volumen o *masa* de excedentes financieros, *b)* las instituciones que regulan o canalizan (intermedian) esos excedentes, y *c)* la tecnología disponible y utilizada por los *operadores* o intermediarios financieros. Estos cambios han impreso una enorme volatilidad a los movimientos de capital y a sus *precios* básicos: tipos de cambio y tasas de interés, volatilidad que se acentúa desde el plano *real* por la revolución tecnológica que caracteriza nuestros tiempos.

En este capítulo nos apoyamos en un esquema analítico similar al anterior para construir uno de los dos pilares que sustentarían escenarios alternativos sobre las perspectivas de la globalización financiera. El otro pilar será ofrecer hipótesis sobre las perspectivas de transformación de la propia economía mundial. Intentaremos pues, en forma muy sintética, una previsión –desde las circunstancias actuales– de posibles cambios en las *condiciones* que hicieron posible el proceso de globalización de la economía contemporánea.

Condiciones

Volumen o masa

El volumen de operaciones del mercado mundial de cambios de divisas es la forma convencional de dimensionar la globalización financiera. Se ha observado que ese mercado creció explosivamente en las dos últimas décadas. Su crecimiento ha seguido siendo notable en los últimos años. Según el Banco de Basilea, el promedio diario neto de operaciones aumentó de 590 mil millones de dólares en 1989 a 820 mil millones en 1992, y a cerca de 1,2 billones en 1995. Y ha continuado creciendo en más del 10% por año. A modo de comparación, la economía mundial creció en el mismo período a un promedio inferior al 3% anual, mientras que el comercio lo hizo al 6%. También creció notablemente la inversión extranjera directa, que es otro componente de las transacciones de divisas vinculadas a la economía *real*, y que debería dividirse en transacciones que sólo involucran cambios de titularidad de la propiedad (cambio de manos), y en inversiones reales que aumentan la capacidad productiva y facilitan la transferencia de tecnología.

Para los próximos años, las proyecciones más difundidas por los organismos oficiales internacionales (basadas en grandes y sofisticados modelos econométricos) prevén un crecimiento de la economía mundial del orden del 2% anual, y un incremento del comercio entre el 6 y el 8%. Por otra parte, no se ven límites al horizonte de trasnacionalización mediante adquisiciones y fusiones de grandes empresas de distintos países. Esto daría una base a la expansión de la globalización financiera vinculada con la economía de la producción y el comercio.

De todas maneras, el elemento que explica la mayor parte del explosivo crecimiento de la globalización financiera se da en el sector de arbitraje y especulación (inclusive, en buena parte de las llamadas inversiones *de cartera*). Este sector se ha basado, en buena medida, en oportunidades de renta por aprovechamiento de la volatilidad de las tasas de interés y las paridades cambiarias (incluyendo los ataques especulativos, especialmente sobre monedas de países periféricos, como viene ocurriendo en diversas regiones del mundo desde mediados de los años noventa. ¿Continuará tal volatilidad? ¿Se irá reduciendo? Los signos son contradictorios. En apariencia, hay una suerte de acuerdo de concertación de los gobiernos de los países centrales para reducir los márgenes de volatilidad entre tasas de interés y paridades cambiarias de los principales mercados.

La valorización del dólar y, sobre todo, la depreciación del yen en lo que va de los últimos años muestran las dificultades de tal concertación en el ámbito de la globalización financiera.

Por otra parte, cabe esperar que el mercado cambiario se hará más previsible y transparente con la creación del euro, la moneda europea, que reducirá notablemente las posibilidades de arbitraje y especulación entre las monedas de uno de los mercados más voluminosos, y entre éstas y las otras monedas de mayor peso en los mercados mundiales de divisas.[1] Otro efecto buscado en la creación del euro es de suma importancia para el desenvolvimiento futuro de la economía mundial y de los efectos de la globalización financiera: la reducción de la hegemonía monetaria de los Estados Unidos y de los alcances de su política monetaria. El tiempo dirá si esta suerte de hegemonía compartida entre el dólar y el euro servirá para contener la volatilidad cambiaria y para reducir los riesgos de la globalización financiera.

Podríamos recurrir aquí, para efectos de previsión, a la teoría monetaria internacional, que se apoya en la columna de los tipos de cambio y los determinantes de sus paridades. Sin embargo, la polémica teórica –y sus ensayos de comprobación empírica– acerca de este tema sigue sin dar pautas claras para orientarse alrededor de la volatilidad cambiaria potencial. No es obvio que las principales monedas hayan alcanzado una situación de *equilibrio*. ¿Cuál será la relación futura entre el dólar y el euro, y acaso el yen?

La experiencia reciente sigue deparando sorpresas y conteniendo elementos de incertidumbre vinculados a la situación interna y externa de las economías en que se sustenta el valor cambiario de las monedas nacionales. A mediano y largo plazo se plantean preguntas de bulto y de difícil respuesta. Por ejemplo, ¿cómo incidirá la acumulación de superávit de pagos externos por el gigante de China en los mercados financieros y en las pa-

[1] El 1° de enero de 2002 el euro entró en circulación en doce países de Europa.

ridades cambiarias? ¿Qué efecto tendrá la unidad monetaria europea sobre el alto componente especulativo de los mercados internacionales de divisas? ¿No tiene límites la capacidad de endeudamiento externo de los Estados Unidos –potencia hegemónica del sistema–, y cuál será su incidencia futura sobre las tasas de interés y los tipos de cambios internacionales?

Otro elemento de juicio central para cualquier previsión es qué ocurrirá con la gran masa acumulada de dinero volátil que gira especulativamente en la economía mundial, y que puede caracterizarse, metafóricamente, como un conjunto de satélites interrelacionados y de difusos vínculos con la economía de la producción, el comercio y el trabajo. Una corriente importante de opinión es que se ha formado una enorme burbuja financiera. La forma en que se reduzca esa burbuja será decisiva para la economía mundial. A esto volveremos a referirnos.

Dentro de los cambios en el interior de la globalización financiera que tienen particular interés para nosotros, está la evolución de los movimientos internacionales de capitales hacia (y desde) los países periféricos. El crecimiento de los ingresos de capital en la periferia, inclusive en América Latina –aunque marginales en relación con el volumen de las transacciones entre los países centrales–, también fue espectacular, si bien se dio más en forma de oleadas de ingresos (como en el segundo quinquenio de los años setenta y en el primero de los años noventa) seguidos por períodos de retracción y ajuste de las economías que habían recibido esos cuantiosos flujos y no los habían aprovechado para el fortalecimiento interno y externo de sus economías.

Tomemos algunos números ejemplares de la extrema volatilidad de los mercados privados del dinero internacional. En 1990, los mercados emergentes recibieron flujos netos privados de capital del orden de los 48 mil millones de dólares (América Latina trece mil setecientos millones). En 1993, los mercados emergentes recibieron 182 mil millones (América Latina sesenta y dos mil seiscientos millones). En 1995, después de la crisis mexicana, América Latina bajó a 38 mil millones. Luego los totales volvieron a subir para alcanzar más de 200 mil, y cerca de 90 mil para América Latina. Y se derrumbaron con las sucesivas crisis de Oriente y Rusia, llegando apenas a 64 mil millones para todos los mercados emergentes.

De todos modos, cualquier escenario futuro –de mediano o largo plazo– sobre la incidencia de la globalización financiera en la periferia y en especial en América Latina, deberá tomar en cuenta ciertos datos fundamentales. En primer término, la evolución de la altísima volatilidad actual de las corrientes financieras transnacionales. En segundo lugar, el comportamiento y la evolución de las economías de los países centrales, donde se genera, se demanda e intermedia la mayor parte del ahorro mundial. Luego, la evolución de las variables económicas de los países periféricos que focalizan los evaluadores del riesgo de distintas colocaciones financieras, como son sus perspectivas de crecimiento, la capacidad de repago que generan sus exportaciones (más en general, los resultados de la cuenta corriente del balance de pagos), los equilibrios macroeconómicos, la solidez del sistema bancario nacional. Tales variables no sólo afectan a las economías internas de los países periféricos, sino que constituyen elementos decisivos para la percepción de oportunidades y riesgos por parte de los operadores financieros internacionales, y para las decisiones exógenas que inyectan o retraen capitales de estos países, tomando en cuenta sus diferencias macroeconómicas, institucionales y estructurales.

Un elemento importante a tener en cuenta para cualquier previsión de tendencias de mediano plazo y las amenazas de volatilidad es que, si bien los operadores financieros internacionales están invirtiendo en el desarrollo de la capacidad de información y análisis para distinguir las posiciones y potencialidades de distintos mercados emergentes, no están exentos de brotes de comportamiento de *manada*. Es decir, de seguir a los que toman la iniciativa de invertir o retirar fondos, para reducir costos de transacción y suponiendo que aquéllos ya habían hecho el trabajo de análisis que sustentara sus decisiones.

Sea como fuere, puede afirmarse, aun tomando en cuenta la naturaleza distinta de los movimientos de capital internacionales, que si las perspectivas de un país periférico son de crecimiento sostenido con estabilidad, condiciones favorables de gobernabilidad y mejoras en su capacidad competitiva internacional, se verán atraídos capitales de inversión, también de largo plazo. Si, en cambio, se percibe a los países periféricos como más propensos a fuertes variaciones cíclicas y dudoso crecimiento sostenido, con vulnerabilidad externa estructural, desequilibrios macroeconómicos persistentes y un sistema financiero frágil, atraerán más capitales especulativos. Éstos, a su vez, precisamente por su carácter especulativo basado en el aprovechamiento de diferenciales de interés y de tipos de cambio, así como de *oleadas* bursátiles, contribuirán a hacer más acentuadas y más frecuentes las euforias y las depresiones, y serán, por consiguiente, obstáculo a una política de desarrollo sostenido en el tiempo. Pues su comportamiento, como se dijo, es fuertemente *procíclico*: ingresan masivamente en los períodos de auge y salen, también masiva y rápidamente, en las recesiones. Aumentan así la inestabilidad y la incertidumbre propias de una economía periférica.

Otro tema crucial para enriquecer el análisis de las condiciones de evolución del volumen o *masa* de la globalización financiera en el marco de las perspectivas de la economía mundial es la evolución del ahorro mundial y su destino. Los analistas económicos y los organismos internacionales (FMI, Banco Mundial, UNCTAD, la CEPAL para América Latina, etc.) prestan creciente importancia a este tema: se revisa la teoría heredada, se utilizan herramientas de cuantificación tales como los modelos econométricos, se debaten diversos supuestos sobre el futuro de la oferta, la demanda y la transferencia internacional de ahorros.

De los informes oficiales internacionales de los analistas económicos, y aun de la prensa cotidiana, se desprenden dos visiones contrapuestas: 1) abunda la liquidez internacional, y eso sustenta la disponibilidad de recursos financieros (ahorro externo) para países de "buen comportamiento" económico, a juicio de los mercados financieros internacionales; 2) existe preocupación por el descenso de las propensiones a ahorrar en el mundo desarrollado –base del ahorro mundial– y la multiplicación de demandas previsibles por la reestructuración industrial y la recuperación cíclica de Europa y Japón; las demandas de reconstrucción de la ex Unión Soviética; las crecientes demandas del crecimiento de China; y las necesidades de ahorro externo de América Latina y otros *mercados emergentes*.

Si aceptamos la hipótesis de los dos *mundos* de la globalización financiera: el vinculado con la inversión, la producción, el comercio, por un lado; y el dedicado al arbitraje y la especulación, por otro, podríamos conciliar las dos visiones anteriores. Existe abundante liquidez y una gran volatilidad en el mundo financiero *especulativo*, que ya ha adquirido un volumen tal que lo hace parecer al temido "casino" de Keynes: puede "autoalimentarse" con las apuestas de los jugadores existentes, las ganancias de la banca, y aun atraer nuevos "jugadores" al tapete. Por otra parte, desde hace un tiempo se verifican tendencias a la declinación del ahorro (medido como porcentaje del PBI) en los países industrializados, que son los que más inciden en el ahorro mundial, por su nivel de riqueza y de ingresos. Y son bastante lógicas, aunque tal vez pequen de optimistas, las previsiones de aumentos de la demanda de ahorro por prácticamente todas las regiones del mundo.

Sin detenernos, porque no es el tema de este trabajo, en la discusión teórico-práctica sobre los determinantes del ahorro de las naciones, anotemos que éstos giran alrededor del nivel de riqueza, la evolución del ingreso y su distribución, la liquidez y las tasas de interés, la evolución demográfica –tendencia al envejecimiento de la población, sobre todo en los países industrializados–, el gasto público y su financiamiento (ahorro o desahorro del sector público), la propensión de las empresas a distribuir o reinvertir ganancias.

El ahorro mundial constituye el tema central de un informe reciente del FMI sobre la evolución de la economía mundial. En el mismo se refleja una preocupación central de las autoridades monetarias internacionales. Las estadísticas oficiales muestran una declinación del ahorro mundial como porcentaje del PBI cercana al 15% entre la década de 1970 y la de 1990. Más sorprendente aún –pues, a mayor riqueza supondríamos una mayor propensión a ahorrar–, es que, a largo plazo, los países industrializados –que representan alrededor de la mitad del ahorro mundial– bajaron el 25% su tasa media de ahorro nacional, en buena parte debido al desahorro público implícito en el abultado y sostenido déficit fiscal de los Estados Unidos, y su bajísima tasa de ahorro personal.

La visión *macroeconómica* de las previsiones sobre la oferta y demanda de ahorro mundial disponible oculta a veces cambios importantes que afectan el comportamiento de los ahorristas y de los intermediarios financieros. Así, un factor nuevo y de gran importancia en los

Estados Unidos –donde se concentra más de la tercera parte del ahorro mundial– es el auge de una *compensación diferida* por los empleados, sobre la base de un cambio tributario –regulación 401 K– que permite a los trabajadores apartar una porción de sus sueldos y salarios para inversión, y pagar los impuestos correspondientes sólo cuando se retira el dinero, generalmente a la edad de la jubilación. Las empresas más grandes contratan con intermediarios financieros la administración de la masa de inversión de las *compensaciones diferidas* de sus empleados. Esos intermediarios, a su vez, se ven presionados para invertir esas importantes masas de dinero, y continuamente crean nuevos "fondos" con distintos destinos, entre ellos, los mercados emergentes. De ahí que la disponibilidad de recursos financieros de los países centrales para inversiones en la periferia pueda ser, en realidad, mayor que la que indican las relaciones entre ahorro global y PBI.

El ahorro generado en la periferia en su conjunto muestra una evolución inversa a la tendencia declinante de los países desarrollados. En efecto, la tasa promedio de ahorro nacional en países en desarrollo aumentó del 19% del PBI en 1970 al 27% hacia fines de los años noventa. El FMI destaca que gran parte de este incremento se debe a los países asiáticos. Y, para nuestra preocupación, observa, a la inversa, que

> en los países en desarrollo de América la tasa agregada de ahorro [...] ha venido decreciendo desde 1989 [...] debido principalmente a la disminución de las tasas de ahorro privado. Entre los factores que produjeron la caída de la tasa de ahorro de esos países, figura la oleada de afluencia de capitales y la liberación financiera, que dieron como resultado un mayor acceso a los préstamos internos y externos.

Es decir, en lugar de que la promovida liberalización financiera del Consenso de Washington permitiera sumar ahorro externo al ahorro interno, aquél vino a sustituir parte de éste, que se destinó al consumo. Un consumo basado en el aumento de los pasivos externos, es decir, en el endeudamiento. Parafraseando un giro popular, de ello resultó, en muchos casos, la Argentina entre ellos, "caviar para hoy –para los privilegiados– y hambre para mañana –para los demás–".

Una última reflexión sobre las perspectivas de la globalización financiera en cuanto a su masa o volumen. En el análisis inicial se señaló la importancia que, para el explosivo aumento del volumen de las transacciones financieras internacionales, habían tenido dos *shocks*: el de los petrodólares en los años setenta y el de los grandes desequilibrios de cuentas corrientes entre países industrializados en los años ochenta. Un interrogante que se plantea hacia el futuro es si acaso la gran acumulación de superávit de pagos externos de los nuevos países industrializados (especialmente China) no producirán otro *shock* que vuelva a expandir considerablemente el volumen de la globalización financiera. En ese caso, el destino de los nuevos excedentes será decisivo para la economía mundial y, en especial, para los países periféricos que los reciban.

Instituciones

En el plano institucional, cabe distinguir dos factores importantes y, en cierto sentido, contradictorios: *a)* la preocupación de los gobiernos de los principales países industrializados, expresada principalmente, pero no sólo, a través de la acción de sus bancos centrales, por regular o hacer gobernables las grandes masas que conforman el mundo globalizado de las finanzas; y *b)* la transformación de los mercados financieros, tanto desde el punto de vista de los cambios en los intermediarios financieros (protagonismo creciente de los *no bancarios*) como en la rápida y continuada diversificación de los *productos* (especialmente *derivados*) que sirven de vehículos de la globalización.

En el fondo, estos cambios institucionales responden a la puja dialéctica entre Estados que buscan hacer gobernables las finanzas internacionales para evitar riesgos que pongan en peligro sistemas financieros nacionales o internacionales, y los *mercados* en expansión que procuran ampliar su libertad de acción para maximizar beneficios (muchas veces, como se verá, contando con que, en caso de peligro de pérdidas sistémicas, los estados acudirán al salvataje).

La intervención de los estados se manifiesta de distintas maneras. La más general es la concertación a través del G-7, sobre todo desde las reuniones de mediados de los años ochenta (Plaza y Louvre), y los acuerdos de política y aun de intervenciones en los mercados cambiarios. De hecho, estas últimas lograron morigerar, primero, los efectos del *shock* de la devaluación de dólar (1985-1987) y, después, reducir la volatilidad a márgenes que, aunque siguen siendo amplios, resisten hasta ahora bastante bien los ataques especulativos (salvo excepciones aisladas).

Parecería que tales acuerdos no resultan suficientes para contener en niveles razonables la volatilidad del movimiento de capitales más reciente. Asoman, recientemente, expresiones de peso (entre otras, del gobierno de los Estados Unidos, y aun del FMI y del Banco Mundial) que admiten la necesidad de una acción oficial concertada más amplia para reducir los peligros de situaciones críticas generadas por la volatilidad de los mercados que puedan afectar la economía mundial e inclusive los propios sistemas financieros internacionales y nacionales. A raíz de las últimas crisis, esto dio lugar finalmente al gran consenso de introducir reformas dentro de una Nueva Arquitectura Financiera Internacional, como se verá en la segunda parte.

Otro tema de importancia que se plantea en las bases mismas del régimen monetario internacional, oteando un futuro no muy distante, es la forma que tomará la transición de un régimen con un solo hegemón (los Estados Unidos y su moneda) a un régimen de hegemonía compartida (con Europa, por lo menos, y el interrogante de Japón y China a mediano plazo). En cierto sentido, puede decirse que los hechos (abren interrogantes de peso en esa dirección: el persistente déficit de pagos externos de los Estados Unidos, el nuevo régimen monetario de la Comunidad Europea, la solución del problema monetario de Japón –que es el mayor acreedor de los Estados Unidos– y el rápido fortalecimiento de la posición de China en el comercio internacional.

La transición hacia una hegemonía compartida plantea otros interrogantes fundamentales. Entre otros, la falta de experiencia histórica. O, más bien, de una experiencia histórica negativa. Desde la conformación, hace un siglo y medio aproximadamente, de un régimen monetario internacional con reglas del juego definidas y estables, sólo el patrón oro con la hegemonía de la libra inglesa, y el período de vigencia de Bretton Woods, con la hegemonía del dólar, han mostrado capacidad de regular sin sobresaltos las relaciones financieras internacionales. A la inversa, un período de transición entre hegemonías, como fue el que se inició con la Primera Guerra Mundial y concluyó con la Segunda (¡30 años!), resultó, en opinión de un economista y político autorizado como es Valery Giscard d'Estaing, un verdadero caos monetario internacional. Una acotación: tal vez la historia juzgue de modo parecido las décadas que sucedieron al derrumbe del régimen claramente hegemónico de Bretton Woods.

¿Nos espera una experiencia de hegemonía monetaria internacional compartida? En tal caso (además de otras dificultades que el doctor Julio H. Olivera plantea en el nivel teórico sobre el paso de la hegemonía a la heteronomía), es condición indispensable una armonización rigurosa de políticas monetarias y fiscales, que se aproxime, al menos, a la que sustenta la consolidación monetaria de la Comunidad Europea y la validez del euro como moneda única de un conjunto importante de países industrializados. Esto implica la disposición a resignar la plena soberanía de la política monetaria nacional y su sustento fiscal por parte de los *hegemones*. Tal cosa –acordada ya en el seno del Sistema Monetario Europeo– no parece muy probable para el caso de los Estados Unidos, la principal potencia económica y militar del mundo.

No queda claro qué ocurriría en un régimen de hegemonía compartida sin armonización explícita de políticas. Por una parte, ello podría generar desequilibrios sistémicos; por la otra, cabe pensar que, precisamente, lo que los gobiernos centrales hacen en múltiples foros –abiertos y cerrados, como el G7, el Banco de Basilea, la OCDE, el FMI, etcétera– es tratar de que sus políticas nacionales no entren en un conflicto tal que ponga en peligro el sistema. Y aquí se vuelve a plantear una relación directa –potencialmente conflictiva– entre el objetivo de armonizar políticas a nivel internacional, por una parte, y las prioridades nacionales por la otra, conflicto que históricamente se ha resuelto en el ámbito más duro del poder relativo de los protagonistas. Véase si no la lenta reacción de los Estados Unidos a la presión de los otros países industrializados –en particular, de Europa– para que reduzcan rápida y substancialmente sus déficit fiscales y de pagos externos.

A los fines de la construcción de escenarios financieros a mediano y largo plazo, lo que plantean los interrogantes anteriores es la persistencia de un alto nivel de incertidumbre, con brotes de conflicto que abren puertas al desequilibrio monetario internacional y, por lo tanto, a la volatilidad de paridades cambiarias, tasas de interés y corrientes de capital, incentivos todos ellos de las actividades especulativas en el ámbito del dinero internacional.

Un segundo plano de concertación institucional de los gobiernos es más práctico y preciso. Se trata de la cooperación internacional en la supervisión y la regulación de los bancos de los principales países. Sobre esto es mucho lo avanzado. El Comité de Basilea sobre Supervisión Bancaria acordó, en 1992, un conjunto de normas mínimas para la supervisión de los bancos internacionales y sus agencias en el exterior. Esas normas se están aplicando, bajo la rigurosa vigilancia de las autoridades de supervisión bancaria nacionales y un mecanismo de consulta que funciona eficientemente en el Banco de Basilea.

Quedan, sin embargo, varios campos por cubrir en materia de regulación y supervisión financieras. Por una parte, los mercados bancarios de la periferia, que han sido parte importante de las recientes crisis de mercados emergentes (y de Rusia). En este sentido, un informe reciente del FMI señala: "Hay un acuerdo generalizado entre los supervisores oficiales y los bancos internacionales por el que habrá que extender a los mercados emergentes –cada vez más importantes desde un punto de vista sistémico– las mejoras de la infraestructura de supervisión y regulación de los mercados financieros internacionales".

Más importante aún es la regulación y supervisión de los intermediarios financieros no bancarios, cuyo volumen de operaciones nacionales e internacionales supera ya a la de los bancos. El conjunto de esos intermediarios no bancarios incluye las firmas financieras (cuyos organismos de supervisión están representadas en la Organización Internacional de Comisiones de Valores (IOSCO), pero también una numerosa y creciente pléyade de instituciones no financieras que participan activamente y con volúmenes importantes en los mercados financieros internacionales. Las dificultades que tal ámbito de supervisión plantea pueden revelarse en el hecho de que el Comité de Basilea y el IOSCO discuten hace años, sin avanzar mucho, la armonización de regulaciones de supervisión.

Un problema especial se presenta con los llamados *hedge funds* o fondos de cobertura, particularmente un grupo de ellos de elevado poder financiero, que han liderado ataques especulativos contra monedas de diversos países. El peligro que representan estos fondos y su operatoria –caracterizada por la figura emblemática de George Soros– ha inspirado decisiones recientes del Comité de Basilea para limitar su acceso a formidables préstamos bancarios de corto plazo. Botón de muestra de lo que pueden todavía los Estados, y más aún cuando se ponen de acuerdo en el plano internacional, para poner barreras a los desbordes de los mercados.

De todos modos hasta ahora parecen poco eficaces los esfuerzos de los gobiernos por mantener en cauce ordenado y reducir los riesgos de volatilidad y hasta sistémicos que plantean las operaciones del nuevo conjunto de intermediarios financieros, inclusive las actividades de los bancos que, para poder seguir compitiendo con esa nueva pléyade, dedican cada vez más esfuerzo a actividades que podrían calificarse de extrabancarias (técnicamente conocidas como *fuera de balance* u *off-balance-sheet operations*). La conclusión, otra vez, es que resulta difícil prever a mediano plazo un escenario con una reducción significativa de la incertidumbre y la inestabilidad como características intrínsecas de la globalización financiera contemporánea.

En este sentido, la preocupación, que no es para nada formal, pues condiciona el funcionamiento de las economías nacionales y de la economía mundial, se centra en los movimientos de capital a corto plazo y su volatilidad, "que afecta –como advierte un estudio de la UNCTAD– tipos de cambio, tasas de interés, precios de activos financieros y la oferta de financiamiento doméstico [...] Tales movimientos son capaces de ejercer una influencia poderosa en la economía en su conjunto, incluyendo la asignación de recursos, el consumo y la inversión".[2]

Un cambio importante en las instituciones que protagonizan la globalización financiera se da con la expansión del número y volumen de recursos que se canalizan a través de los denominados *inversores institucionales*. En este punto hay que distinguir dos tipos de instituciones. Por una parte, las que absorben el llamado ahorro contractual, es decir, los fondos de pensión y compañías de seguros (a lo cual habría que agregar parte de los seguros de salud, que manejan grandes fondos líquidos). Por la otra, los fondos de inversión que arman *paquetes* diversos de valores que, en general, se cotizan en el mercado y ofrecen oportunidades de inversión *voluntaria no contractual*, tanto a los inversores institucionales del primer grupo como a las familias en general (véanse, en particular, las caudalosas corrientes de fondos que se derivan en los Estados Unidos de la *compensación diferida* de los empleados, a la cual ya nos hemos referido). De hecho, la proporción del ahorro que absorben estas instituciones las convierte en importantes fuentes de recursos y, por consiguiente, en actores de gran influencia en los mercados financieros, tanto nacionales como internacionales.

La tendencia prevaleciente es la de concentrar cada vez más el manejo del ahorro privado en los inversores ins-

<hr />

[2] A. Cornford, "Riskes and Derivatives Markets", en: *UNCTAD Review*, Ginebra, 1995.

titucionales, muchas veces asociados a grupos bancarios. Si bien esto cambiaría la naturaleza de los protagonistas de la intermediación financiera internacional, puede llegar a ser, por su propio carácter, un elemento estabilizador de los mercados financieros. En efecto, la naturaleza de esos fondos –en especial, los que manejan ahorro contractual, de crecimiento sostenido– no parece prestarse a movimientos especulativos. Sus pasivos eventuales –tienen que pagar eventualmente pensiones, seguros, gastos de salud– los hacen naturalmente adversos al riesgo, más conservadores. He aquí, por fin, una esperanza de estabilización en la evolución de los recursos que integran la globalización financiera y en los intereses de los principales actores que manejan esos recursos. Con una reserva: que la competencia entre inversores institucionales del segundo tipo los lleve a multiplicar los *productos* financieros que ofrecen, lo que estimula el *trading* especulativo (compra y venta de activos financieros, incluidos futuros, opciones y otros productos derivados).

Desde el punto de vista de los países periféricos, la concentración de una parte creciente del ahorro de los países centrales en inversores institucionales permitiría superar uno de los obstáculos tradicionales a la transmisión internacional del ahorro. La tendencia a invertir dentro de las fronteras nacionales –en los países centrales–, es lo que ha limitado sobremanera la disponibilidad de ahorro externo, o lo ha orientado en buena parte a movimientos especulativos que desestabilizan las economías de los países receptores. Los intermediarios financieros –especialmente los no bancarios– están internacionalizando crecientemente su paquete de *productos*, y prestan más atención a los mercados emergentes. Los volúmenes de ahorro que se agregan en los países centrales son de tal magnitud, que pequeños porcentajes de aumento de su dispersión internacional podrían significar complementos de importancia al ahorro nacional de los países de la periferia. Y, por supuesto, la necesidad de éstos de adaptarse a las nuevas condiciones del financiamiento externo.[3]

Tecnología

Hemos visto la influencia fundamental que ha tenido el cambio tecnológico, particularmente en la informática y las comunicaciones, en materializar la expansión explosiva de la globalización financiera contemporánea, y en las formas de transmisión internacional del ahorro. Pero la revolución tecnológica en estos campos sigue siendo noticia prácticamente cotidiana. Obviamente, la velocidad del cambio y su imprevisibilidad agrega razones para considerar la incertidumbre como protagonista de cualquier escenario futuro. Formulemos, no obstante, algunas preguntas más específicas, sin pretender respuestas definidas.

¿Qué implicarán los cambios tecnológicos actualmente en marcha, por ejemplo Internet y sus aplicaciones, para el futuro de la globalización financiera y su impacto sobre los países periféricos? ¿Mayor o menor flexibilidad en la transmisión internacional de ahorros de los centros a la periferia, y viceversa? ¿Mayor o menor volumen y volatilidad de esos flujos? ¿Mayor o menor relación con el mundo *real* de la inversión, el comercio, la producción, el trabajo? ¿Mayores o menores posibi-

---

[3]   Las crisis de los últimos años han aumentado la aversión al riesgo de esos inversores con respecto a los países de la periferia, reduciendo, en consecuencia, su disposición a encauzar parte de su flujo de ingresos hacia estos países. Cuándo y cómo reaccionarán positivamente esos fondos a los *shocks* recibidos con esas crisis es una cuestión abierta y significativa para la disponibilidad de ahorro externo por parte de los países que se vieron afectados por las crisis.

lidades de regulación y supervisión por parte de las autoridades monetarias nacionales e internacionales? ¿Aumento o reducción de los riesgos sistémicos por volatilidad de tipos de cambios, tasas de interés, precios internacionales, capacidad de gestión de los movimientos financieros?

La complejidad de las preguntas no encontrará respuesta solamente en los efectos de la revolución tecnológica sobre el comercio de productos financieros y sus flujos transfronterizos. Pero no cabe duda de que tendrá una significativa influencia en la evolución de la globalización financiera y su impacto en la economía mundial y en particular en la periferia. Ya a través de Internet y otros instrumentos similares, muchas firmas, hogares e individuos efectúan operaciones financieras con análisis propios y con herramientas automáticas (programas). Ya se está concretando una realidad hasta hace poco virtual: masas de agentes que, por una parte, aumentan la masa del ahorro disponible dentro de la globalización financiera, pero, por la otra, incrementan los peligros de la volatilidad sistémica por comportamientos en *manada* movidos tanto por rumores públicos como por informaciones genuinas.

En el nivel de los intermediarios financieros, dada la creciente competencia en la captación de esos ahorros de empresas, instituciones y familias, aunque el avance tecnológico pudiera reducir los riesgos de administración operativa, aumentaría también el número y la diversificación de productos, con las dificultades consiguientes de los cálculos de riesgos. Ello plantearía dudas acerca de si una mayor competitividad de los intermediarios internacionales llevaría acaso a reducir la volatilidad y los riesgos globales del sistema, o si tal competitividad sería *virtuosa* sólo en un marco regulatorio claro y eficiente.

En resumen, del análisis del volumen de recursos, su intermediación institucional y la evolución del soporte tecnológico, se desprendería que las perspectivas más probables, por lo menos a mediano plazo, son:[4] *a)* que continúe el proceso de globalización financiera; *b)* que su volumen se expanda al ir absorbiendo proporciones mayores de los ahorros nacionales de los países centrales, por la internacionalización creciente de los intermediarios financieros; *c)* que el mundo del financiamiento internacional continúe dividiéndose entre aquel que nutre la inversión, la producción y el comercio y aquel que gira en una esfera especulativa; *d)* que, si bien el primero de esos mundos ofrece perspectivas de financiamiento para el desarrollo de la periferia, el segundo introduce un elemento de inestabilidad y volatilidad de alto riesgo, tanto para el sistema en su conjunto como para la necesaria continuidad y las condiciones del financiamiento periférico.

Dentro del espacio de lo imprevisible, caben unas líneas sobre los riesgos sistémicos de la volatilidad. Abundan los autores que sostienen que el mundo (central) está viviendo una etapa de capitalismo financiero con una creciente *burbuja* de capital especulativo. Si así fuera, habría que considerar como marco tres escenarios alternativos: que la burbuja estallara (hay numerosos ejemplos históricos a lo largo de los siglos, y abundante literatura sobre ellos); que se fuera absorbiendo con bajas más o menos pronunciadas del valor de los activos financieros;

---

[4]   Esta visión, por supuesto, no prevé lo imprevisible: *shocks* bélicos, sociales o económicos, que dividan al mundo antagónicamente o lo sometan a crisis generalizadas o sistémicas. En ese sentido, es una visión que peca de *lineal*, por falta de elementos para un cuadro más aleatorio o *estocástico*.

o que, ideal y virtuosamente, el financiamiento especulativo se fuera trasladando hacia el mundo *real*, aportando recursos para una economía mundial con tasas de crecimiento del comercio y del producto mayores que las actuales, y con una reducción de las diferencias entre países centrales y periféricos.

Evidentemente, los gobiernos tratarán de evitar el estallido de la burbuja. No porque no exista la burbuja o porque no se den las condiciones para su crecimiento y estallido (aparte de las burbujas que estallaron en crisis en mercados emergentes, como el *crack* de los valores financieros e inmobiliarios en Japón de hace ya una década, y su impacto sobre la economía japonesa y la solvencia misma de algunas de sus grandes instituciones financieras). La mayor protección contra un estallido incontrolable tiene sus raíces, precisamente, en la Gran Depresión de los años treinta y en la herencia de la teoría keynesiana, cuando los gobiernos tomaron conciencia de su responsabilidad de regulación y supervisión de los mercados, responsabilidad que en Bretton Woods se extendió al campo monetario internacional. En esta prevención del estallido de la burbuja coincidirían los intereses de las autoridades públicas con los de los principales actores financieros privados, que están habituados a recurrir al auxilio público en caso de emergencia.

De todos modos la burbuja especulativa impregna el mercado financiero y a la economía internacional de un alto grado de volatilidad e incertidumbre. Un *crash* extendido no es imposible, aunque sí improbable. Y no por las virtudes de *autolimitación* de los mercados financieros, sino porque el sistema funciona con regulaciones que mantienen en cauce, por ahora, los anchos torrentes de los mercados, con mutua ventaja para estados y mercados: a nadie conviene un desborde de riesgos sistémicos.

Ello no excluye en absoluto episodios de derrumbes de valores financieros, acompañado por una fuerte recesión económica, con bajas pronunciadas de la producción, el empleo y el comercio, con efectos mayores, como suele suceder, en los países de la periferia. Hace ya varios años que este escenario virtual golpea la realidad del mundo actual. Tómense en cuenta, por ejemplo, la crisis de México de fines de 1994 y su impacto sobre otros países, que la Argentina sufrió particularmente por la fragilidad de su sistema bancario y las rigideces de la convertibilidad; y la crisis que se desató a mediados de 1997, que comenzó por países del Este asiático y se extendió en forma dramática a otros mercados emergentes (especialmente de América Latina); la crisis de Rusia, la de Brasil, la de Turquía, la actual de Argentina. Ésta es, por supuesto, una posibilidad tan cercana a lo probable que obliga a tomarla en cuenta para cualquier juego de escenarios del futuro de la economía mundial y de la globalización financiera, así como de sus efectos contractivos sobre el desarrollo de países periféricos.

El segundo y el tercer escenarios, o sea, el achatamiento de la burbuja financiera y su absorción virtuosa por la producción y el comercio mundiales, guardan entre sí una estrecha interdependencia. En un nivel macro, la oferta y demanda de fondos internacionales depende, como hemos visto, de la evolución de la oferta y la demanda del ahorro mundial, de los desequilibrios de los balances en cuenta corriente, y de la evolución del producto y el comercio mundiales. La tasa actual y previsible de alrededor del 2% de crecimiento anual de los países centrales no ofrece perspectivas de mayores demandas de financiamiento para inversión. Por otra parte, las crisis en la periferia han llevado a fondos de inversión y capital especulativo a retraerse de mercados emergentes y refugiarse en la llamada *fuga hacia la calidad* de activos financieros de riesgo mucho más reducido, como los títulos del Tesoro de los Estados Unidos, que siguen siendo absorbidos a pesar de las fuertes bajas de su rendimiento instrumentadas por la Reserva Federal en el último año como política anticíclica para salir de la recesión. Llama la atención también que una suerte de incremento del nivel de riesgo percibido a nivel mundial parece primero haber detenido, y, después, hecho más volátil el auge que caracterizó largos años las bolsas de Estados Unidos y Europa, dándole a éstas una inestabilidad que no refleja la solidez financiera de esos países.

No es descartable que el elemento más dinámico de la economía mundial –y, por consiguiente, el mayor incremento marginal de la demanda de financiamiento– se genere en la periferia, sobre todo en Asia, en América Latina y en los países en transición (los que constituían la Unión Soviética), que necesitan tasas de inversión elevadas y sostenidas por largo tiempo para su desarrollo. La experiencia reciente muestra que esto guarda estrecha relación –a pesar de la dependencia financiera estructural– con las estrategias o *modelos* de desarrollo nacionales, y con las políticas macro y microeconómicas de los países de la periferia. De donde se unen el interés general de la economía mundial con nuestros intereses nacionales.

Concluyamos a vuelo de pájaro esta visión de las características y las perspectivas de la globalización financiera contemporánea con algunas consideraciones sobre las políticas nacionales idóneas para aprovechar las oportunidades y reducir los riesgos de la captación de ahorro externo, en función de la *transformación productiva con equidad* de los países de América Latina.

Alternativas de políticas nacionales
para la periferia latinoamericana

¿El acceso al financiamiento externo altera la estructura y las condiciones económicas de la economía receptora, o simplemente acrecienta la masa de ahorro disponible, con la inevitable contrapartida de un aumento del endeudamiento o de los pasivos externos de esas economías? ¿Los estados deberían adoptar una posición básicamente pasiva o activa frente a los movimientos de capitales internacionales a través de sus fronteras?

La experiencia de las dos últimas décadas, por lo menos, y la situación y perspectivas de la globalización financiera muestran efectos muy considerables y variados sobre la periferia. En primer término, un gran aumento del volumen de los flujos. Segundo, una discontinuidad en los movimientos de capitales entre el centro y la periferia: hay etapas de influjo masivo que se suceden, en general, en forma abrupta con otras de estancamiento o reflujo. Es asimismo importante la naturaleza de los flujos: bancarios o no bancarios, de inversión directa o de cartera; en fin, de financiamiento, que podríamos dividir entre *positivo* (que nutre inversiones reales y aumenta la competitividad internacional) y *especulativo*.

Para el análisis de la naturaleza actual del financiamiento externo y sus perspectivas futuras es muy importante observar que el volumen, la naturaleza y la continuidad de los flujos acusa importante diferencias entre regiones y entre países.

Aumento del volumen, diversificación de las fuentes, de la asignación de los recursos y la volatilidad son, probablemente, las características más importantes de las oleadas de capitales hacia la periferia en los últimos lustros. Es probable que estas características sigan dominando el escenario de los movimientos de capital hacia y desde la periferia. El gran desafío para los países de la periferia es optimizar el aprovechamiento de las oportunidades de financiamiento y minimizar los riesgos de la volatilidad.

Una abundante y polémica literatura ha descrito y analizado estas posibilidades y riesgos. La mayor parte de ella se ocupa de las consecuencias y de las políticas macroeconómicas ante los flujos y reflujos de capitales. En general, en lo que a América Latina concierne, pueden distinguirse dos posturas polares y varias intermedias. Por una parte, las que se encuadran en el Consenso de Washington y que se identifican con una corriente que se ha dado en llamar neoliberal: apertura comercial y financiera, privatizaciones, desregulación y liberación de mercados en un marco de equilibrios macroeconómicos. Y otras posturas más heterodoxas que se pueden encontrar directamente o entre líneas en muchos autores, posiciones políticas e, inclusive, en informes de organismos internacionales, sobre todo en la esfera de las Naciones Unidas, como la UNCTAD y la CEPAL. Por ejemplo, en un estudio publicado por esta última hace pocos años sobre políticas para mejorar la inserción en la economía mundial, se discuten dos temas fundamentales para las políticas nacionales frente a los flujos de capital externo: sus efectos internos y lineamientos de política macroeconómica, y la regulación, supervisión y estabilidad de los mercados de capital.

De todas maneras, las políticas nacionales que buscan optimizar el aprovechamiento de los flujos financieros y minimizar sus peligros estarán restringidas, en un marco de gran incertidumbre, por la volatilidad y el poder de los mercados financieros y por la influencia de los ciclos económicos y de crédito de los países centrales. Esos factores de inestabilidad e incertidumbre exigen, precisamente, fortalecer la capacidad del Estado periférico –y no faltan exitosos ejemplos de esta línea estratégica– para orientar los flujos hacia inversiones que apuntalen el desarrollo interno y la inserción de la economía nacional en la globalización, al tiempo que se adoptan políticas para prevenir o morigerar las inevitables tensiones que los ciclos externos y la volatilidad acarrean. Por supuesto que no se trata de *sustituir* al mercado, sino de contribuir a su mejor funcionamiento y mayor eficiencia para el bienestar nacional, sobre todo previniendo sus distorsiones económica y socialmente perversas. En suma, se trata de una articulación entre Estado y mercados que sea funcional al desarrollo económico y social de los países.

No es éste el tema central del presente capítulo. Su propósito principal es intentar comprender la experiencia y perspectivas de la globalización financiera contemporánea, como contexto para el análisis de políticas nacionales. Desde este último punto de vista, esencial para quienes analizan o deciden políticas en países periféricos –entre ellos, la Argentina–, destaquemos algunos de los principales efectos de la expansión de la globalización financiera sobre las economías de la periferia y, en especial, sobre América Latina. Esos efectos pueden dividirse en macroeconómicos –sobre los equilibrios monetarios, fiscales, de balance de pagos– y microeconómicos –eficiencia en la asignación y en el uso de los recursos dedicados a la producción–. Las interrelaciones entre ambos tipos de efectos se integran en la dimensión global del desarrollo económico y, por lo tanto, de las políticas tendientes a promoverlo.

La experiencia de la globalización financiera contemporánea muestra su relación con las tendencias y altibajos de las economías latinoamericanas. Esa experiencia señala, sobre todo, la necesidad de que las políticas estructurales y macroeconómicas de nuestros países permitan seguir, con respecto a los flujos financieros externos, una estrategia que la CEPAL ha descrito como un ciclo de endeudamiento virtuoso o compensador. Éste sería un ciclo en el que la captación del ahorro externo y su asignación eficiente permitirían al país el aumento de la productividad y del producto, en una estrategia apoyada tanto en el mercado interno como en las exportaciones. Se pasaría así a una etapa del ciclo en la que el ahorro externo bien invertido generaría, en un proceso de crecimiento económico sostenido, los recursos necesarios para su propio servicio. El mismo círculo compensatorio fortalecería el equilibrio de balance de pagos y el equilibrio fiscal. En efecto, los mayores pasivos externos y fiscales acumulados en el período de ingresos masivos de fondos externos, se verían compensados por los ingresos generados por el aumento de la producción, del ingreso y de las exportaciones. Con los ingresos que una política fiscal apropiada derivaría del aumento de la actividad económica, se lograría el equilibrio de las cuentas públicas. Con el aumento de las exportaciones, se podría hacer frente a los pasivos externos y fortalecer la solvencia internacional del país, reduciendo sus necesidades de ahorro externo.

Uno de los mayores peligros de la volatilidad de los flujos financieros externos es su impacto sobre la oferta y la demanda de dinero y sobre el sector financiero y el crédito interno de los países periféricos. Las variaciones súbitas de los flujos afectan, a veces de manera crítica, la disponibilidad y costo del crédito y la fortaleza o debilidad del sistema financiero. Así lo prueban las crisis bancarias asociadas a las crisis externas de mercados emergentes en la última década. En el caso argentino, la crisis de 1995, asociada a la mexicana, y la pendiente inclinada de los últimos años muestran dramáticamente la concreción de ese peligro, que debe enfrentarse con políticas macroeconómicas y políticas estructurales adecuadas, imaginativas y realistas a la vez.

Segunda parte

Crisis recientes y reformas de la Arquitectura Financiera Internacional

1. Globalización financiera y crisis recientes

Decía Paul Krugman en un discurso en 1998,

> veamos la situación desde el punto de vista de estos inteligentes que formulan las políticas desde Washington, se ven ante economías que gozan de muy poca confianza de los inversores, un país que acude a Estados Unidos y/o al FMI en busca de ayuda, ya ha sufrido una devastadora corrida sobre su moneda y corre el riesgo de sufrir otra. El objetivo supremo de la política oficial debe ser, pues, ablandar los "sentimientos" de los mercados. Pero, como las crisis pueden ser profecías autocumplidas, no basta con una sólida política económica para ganarse la confianza del mercado: también hay que complacer las percepciones, prejuicios y caprichos de éste. O más bien, hay que complacer las percepciones, prejuicios y caprichos de éste. En síntesis, la política económica internacional termina teniendo muy poca relación con la ciencia económica. Más bien se convierte en un ejercicio de psicología de amateurs en el cual el FMI y el Departamento del Tesoro de los Estados Unidos tratan de convencer a los países de que hagan cosas que, según aquellos confían, el mercado percibirá como favorables. No hay que extrañarse de que, tan pronto se desate la crisis, los manuales de economía sean arrojados por la ventana.[1]

[1] Paul Krugman, "The confidence game", en: *The New Republic*, 10 de mayo de 1988.

Hemos caracterizado la globalización financiera. Al respecto, hemos visto de qué manera se ha desarrollado en las últimas décadas un mercado de capitales cada vez más global. En ese mercado concurren, además del tradicional sistema bancario, inversores institucionales tales como fondos de pensión, compañías de seguro de vida y retiro, fondos mutuos (en Argentina, conocidos como fondos comunes de inversión), *hedge funds* que son fondos altamente especulativos, y aun inversores individuales.

Los inversores institucionales administran activos que superan el PBI de los países desarrollados y han sido el principal motor de desarrollo del mercado. En la década de 1990, esos inversores han transnacionalizado crecientemente sus carteras, para pasar a constituir en este período la fuente principal de ingreso de capital para los países emergentes.

Se ha visto, asimismo, en la primera parte, cómo estos inversores han aprovechado la creciente desregulación financiera global, el desarrollo tecnológico, y han usufructuado el gran desarrollo de la ingeniería financiera, invirtiendo en una variada gama de productos financieros, como bonos públicos y privados, acciones, tipos de cambio, además de futuros y opciones y otros derivados. A través de esos productos van seleccionando y adaptando sus carteras de inversiones para elegir el perfil de rendimientos y riesgos deseados. Estas inversiones denominadas de *cartera* que se inician en la década de 1970, adquieren una enorme importancia en la década de 1980, y son, junto a la inversión extranjera directa, la fuente principal de ahorro externo para los países emergentes, relegando así a los tradicionales créditos bancarios.

Esta particular dinámica del desarrollo de la globalización financiera –rápida expansión, diversificación de inversores y de productos financieros– se ha caracterizado por una tendencia recurrente a las crisis financieras que adquieren una fuerte intensidad no sólo en los países de la periferia, sino que también repercuten en el propio mundo desarrollado.

El objetivo de esta parte es analizar las razones de las distintas crisis, comprender cuáles son los factores que las provocan, el porqué de su transmisión internacional y las eventuales razones de su mayor periodicidad.

En tal sentido, analizaremos dos corrientes polares de pensamiento sobre las razones del fenómeno. La primera corriente pone énfasis en la existencia de desequilibrios macroeconómicos en los países receptores de capital, y está en línea con los preceptos tradicionales de la ortodoxia económica que incluye a los llamados economistas del *mainstream*, o corriente principal y hegemónica del mundo anglosajón y de América Latina. Aquello que comúnmente se podría caracterizar como pensamiento neoliberal.

La segunda corriente –absolutamente minoritaria hasta hace unos pocos años y con crecientes adeptos por razones que estudiaremos en este capítulo– hace hincapié en la atribución de las crisis a fallas en el propio funcionamiento del sistema financiero y del mercado de capitales internacional, que tienden a generar distorsiones económicas y fuerte volatilidad a nivel global y, de manera particular, en los países pequeños que disponen de escasas herramientas de estabilización, aun en aquellos que mantienen *disciplina* en lo económico.

Huelga aclarar que las responsabilidades atribuibles a las crisis y las consiguientes políticas correctivas difieren según se escoja una u otra línea argumental.

Dejaremos para el próximo capítulo, el estudio de la arquitectura financiera internacional existente, las tibias reformas encaradas en estos años y diversas propuestas de reformulación del rol, funciones, estructura de gobierno, de los recursos de los organismos internacionales y de las regulaciones mismas del sistema.

Para entender las crisis

Vínculos entre crisis y mercado de capitales

Desde 1945 hasta el derrumbe de los pilares de Bretton Woods –véase, en p. 23, "Génesis y auge de la globalización financiera contemporánea"–, las crisis estaban ligadas, generalmente, a problemas fiscales o de sector externo vinculados con problemas de comercio exterior –ya sean términos de intercambio o cuestiones relacionadas con desastres naturales–, que forzaban una devaluación y ajuste monetario o fiscal dada la relativa inmovilidad de los capitales financieros. Esto derivó en la formulación de modelos económicos explicativos, actualmente denominados de *primera generación* (de naturaleza determinística, esto es, con razones unívocas de causalidad e irreversibilidad) que explicaban las crisis cambiarias por desequilibrios de esta índole.

Con la creciente liberación de los movimientos de capital a través de las fronteras, especialmente hacia fines de los años setenta, los mercados financieros se van a transformar, en una primera fase, en una fuente de auge mediante el ingreso de capital, la caída en la tasas de interés, la mayor disponibilidad de crédito, y, posteriormente, en fuentes de crisis mediante la reversión de esos mismos mecanismos de transmisión.

Para explicar estas crisis se desarrollaron modelos de *segunda generación* que recogen variables de comportamiento más sofisticadas, como la teoría de los juegos donde el resultado de las acciones de los operadores no está determinado *ex ante* sino que depende de la combinación de las acciones de las partes. Son modelos probabilísticos y con mayor riqueza para captar diferentes comportamientos posibles de los operadores y, particularmente, resultados diferentes ante factores objetivos o *causas* similares.

Resulta necesario distinguir las crisis de liquidez, que implican un déficit de recursos en el corto plazo para atender los compromisos de pagos externos, pero una posición sólida de largo plazo, de las crisis de solvencia donde se ve una imposibilidad estructural en el largo plazo de la capacidad de pago, en general de un alto nivel de endeudamiento acumulado. Un *shock* externo temporario (como por ejemplo la suba de tasas de interés internacional) puede producir problemas de liquidez; uno más prolongado, crisis de solvencia.

Muchas crisis de liquidez se solucionan con financiamiento, pero si no son resueltas de forma rápida y global, las crisis de liquidez devienen en problemas de solvencia, que suelen transmitirse desde el sistema financiero a la economía real y viceversa, generando un círculo vicioso de profundización y extensión de la crisis a la producción, el empleo, los ingresos.

A principios de los años ochenta, muchos países subdesarrollados o emergentes sufrieron crisis por el excesivo endeudamiento externo acumulado en la segunda mitad de los años setenta con bancos internacionales, en un marco de desregulación financiera que hizo eclosión con la brusca suba de tasas de interés en los países desarrollados. Esta suba que, como se ha visto, se originó particularmente en los Estados Unidos y en Gran Bretaña y se extendió al resto del mundo, determinó el *default* o cesación de pagos de hecho en la mayoría de los países de América Latina y en algunos países de Europa del Este, África, Asia y Medio Oriente. Fue lo que dio origen a la "década perdida" de América Latina, tal como lo denominó la CEPAL.

En los años noventa –donde nos detendremos–, las crisis tuvieron mucho que ver con cuestiones que están vinculadas al funcionamiento de los mercados de capitales globales y nacionales y a sus efectos en las políticas domésticas, en parte por la indudable incidencia de las políticas monetarias de los países centrales.

Las crisis de México, de los países del este de Asia, de Rusia, de Brasil, de Turquía y de la Argentina, si bien recogen elementos vinculados a crisis cambiarias tradicionales explicadas en los modelos de primera generación, presentan factores que están estrictamente vinculados con la naturaleza de los mercados y con las distorsiones que genera el mal uso de recursos externos abundantes, tanto por el destino que se dé a estos recursos (consumo o inversión, para el mercado interno o para exportaciones), como por sus condiciones de tasa de interés y plazo (las crisis se asocian, en general, con el peso de los créditos de corto plazo).

Para comprender con más claridad cómo las crisis impactan en los mercados de capital, debemos entender de qué forma funcionan estos mercados.

La función básica del sistema financiero y de los mercados de capitales es la de conectar a los ahorristas (con excedentes de capital) con aquellos que necesitan capital para sus decisiones de inversión. Esta asignación de recursos implica un correcto funcionamiento del sistema de precios (tasas de interés). En un mercado eficiente, los precios incorporan toda la información económica financiera relevante y los riesgos asociados que implican expectativas inciertas sobre el futuro. Además, un mercado eficiente debe ser una buena correa de transmisión de rendimientos y riesgos entre los participantes, permitiéndoles seleccionar los riesgos aceptables en función de los rendimientos esperados y, por supuesto, separar aquellos riesgos que no desean asumir. Lo expuesto debería redundar en un mercado continuo y líquido que permita la compra y venta de activos financieros, bonos, acciones, derivados, etcétera.

Finalmente, la teoría nos dice que en un mercado perfecto, de esas características, las crisis no deberían existir porque habría información perfecta, racionalidad, liquidez y funcionaría el sistema de precios para ligar y equilibrar rendimientos y riesgos.

Cuando ocurren las crisis, y veremos que ocurren, y muchas veces son la regla y no la excepción, se produce una situación de distorsión, donde el riesgo se dispara, desaparece la liquidez, no existen precios representativos y, de esta forma, resulta imposible realizar transacciones en los mercados financieros y de capital. Esto puede llegar a traducirse en situaciones de pánico financiero, fuga de depósitos, corridas bancarias, fuerte caída de la actividad económica y episodios de alta inflación unidos a crisis cambiarias, como ocurrió en la crisis internacional de los años treinta, la crisis de la deuda latinoamericana de los años ochenta y varias de las crisis recientes.

Estas crisis están ligadas a *burbujas* de precios, compra de valores inmobiliarios y activos financieros con alto apalancamiento o endeudamiento, y estrategias agresivas de negociación de activos financieros vinculadas con operaciones especulativas que protagonizan, en general, inversores sofisticados. Muchas de estas estrategias, que tienen un origen de racionalidad individual (cubrir el riesgo), constituyen una fuente de riesgo sistémico, dado que tienden a reforzar tendencias en el mercado, más allá de lo que corresponda a una visión específica sobre la situación de mercado, particularmente en momentos de pánico. En muchos de estos casos, lo que comienza como una estrategia prudente para minimizar el riesgo individual, se convierte en una acción especulativa y masiva que potencia el riesgo colectivo, generando situaciones de insolvencia y de crisis sistémica.

Llevada al límite, una crisis genera la falta de provisión de bienes colectivos por falta de capacidad recau-

datoria y una crisis social con pérdida del monopolio de
la fuerza pública.

Causas de las crisis

Pasemos ahora a analizar con mayor detalle las posibles
causas de las crisis, discriminando entre los factores ex-
trínsecos o exógenos a los países en crisis, y los que son
intrínsecos o endógenos a los mismos.

Factores externos o exógenos

Los factores exógenos o externos son aquellos que no
dependen y están mas allá de las decisiones político económicas de los estados de los países emergentes. Si bien
la cantidad de factores posibles es muy amplia, vamos a
citar algunos de los más importantes que se han dado en
estos años.

– Cambios abruptos en la política monetaria
  de los países centrales

Estos cambios, que en general reflejan los ciclos de crédito que acompañan a los vaivenes económicos, se ma-
nifiestan a través de las tasas de interés y la disponibilidad de créditos. En estos casos, la crisis deviene tanto
por el aumento del peso de los servicios financieros como por el racionamiento de créditos, que afecta el balance de pagos y el sistema financiero de los países que
entran en crisis. Por ejemplo, la suba de las tasas de interés a principios de los años ochenta, debida a la adopción de una política monetaria fuertemente restrictiva
para combatir las presiones inflacionarias, particularmente en los Estados Unidos, Gran Bretaña y luego en
el resto de Europa Occidental, fue un detonante claro

de la crisis de la deuda de 1982. Otro ejemplo más reciente fue la duplicación del nivel de las tasas de interés en Estados Unidos en 1994, preludio de la crisis mexicana de fines de ese año (la crisis del "tequila"), que afectó particularmente a la Argentina en 1995.

Los movimientos significativos en los tipos de cambio de los países centrales también son una fuente de crisis, tal como ocurrió con la fuerte depreciación del yen a partir de 1995, que fue uno de los detonantes de la crisis que azotó a ciertos países de Asia un par de años después. En estos casos, la crisis se produce tanto por la reducción abrupta de la disponibilidad de créditos, como por el peso de los intereses de la deuda antes contraída.

– Transmisión por *contagio*

Ante una crisis que se produce en un país determinado, los países vecinos o relacionados por factores económicos o financieros, o incluso por presentar características comunes, son percibidos como más riesgosos por los mercados internacionales de capital. Ocurre también entre varios países que integran fondos comunes de inversión de la misma clase, por ejemplo, fondos de países emergentes. Una retracción o retiro de los inversores induce, en estos casos, una liquidación de activos de otros países que están en el mismo fondo, provocando así una caída en los precios, una suba en la tasas de interés y una mayor prima de riesgo en diversos países emergentes. Este fenómeno puede producirse también por devaluaciones cambiarias de países vecinos, como fue en el caso de la crisis asiática, y lo vamos a considerar con más detalle al referirnos a ésta. Un fenómeno similar se registró más recientemente con los efectos de la devaluación de Brasil sobre la economía argentina, no sólo por la vecindad, sino también por fuertes lazos de intercambio entre ambas economías.

– Fallas en los mercados de capitales

En general, la literatura económica y financiera caracteriza a los mercados de capitales con cualidades de eficiencia en lo que comúnmente se denomina *mercado de competencia perfecta*, donde se supone que la información disponible es perfecta y pública, los inversores son muy numerosos e independientes, y ningún inversor ni grupo pequeño puede influenciar más que otros en los precios de mercado. Además, postula que los operadores son *racionales* y que su objetivo común es maximizar los beneficios de largo plazo.

Del análisis de las distintas crisis financieras y, en particular, las diversas ocurridas en la década de 1990, se observa que el mercado *real* tiene un comportamiento muy diferente del ideal que surge de la teoría.

Existen múltiples problemas de información, a pesar de que el desarrollo tecnológico haya facilitado su acceso y diseminación. La información relevante suele ser costosa y por tanto de acceso asimétrico entre los distintos inversores. La asimetría de la información, como han demostrado Stiglitz y Weiss[2] ya a comienzos de los años ochenta, suele ser un factor de gran peso en la distribución o racionamiento del crédito.

La existencia de grandes inversores, que en general influyen con su comportamiento sobre los precios, particularmente en mercados relativamente pequeños como el de los países en desarrollo, genera un típico comportamiento llamado de *manada* o *rebaño*, por medio del cual los más grandes y prestigiosos influyen sobre el resto.

Asimismo, la conducta de los inversores generalmente privilegia el corto plazo, por razones de información

[2] E. Stiglitz y A. Weiss, "Credit Rationing in Markets with Imperfect Information", en *American Economic Review*, 1981, vol. 71, pp. 393-410.

o de horizonte de planeamiento, y puede actuar de una manera que la teoría consideraría *irracional*, valorando subjetivamente, con distinto criterio, indicadores similares en distintos momentos de tiempo. Esto se presenta tanto en oleadas de euforia, en las que se minimizan los riesgos a la búsqueda de retornos extraordinarios, o bien en oleadas de pánico, cuando se exageran los factores negativos. Esas oleadas se combinan con profecías generando círculos viciosos, *autocumpliéndose*.

Factores internos o endógenos

En general, estos factores, sobre todo en los países más afectados por las crisis recientes, están vinculados con la adopción rápida e imprudente de la liberalización comercial y financiera, recomendada, por otra parte, por los organismos internacionales y las doctrinas económicas de mayor peso mediático. Para muchos países, entre ellos la Argentina, abrir de ese modo la economía al mundo globalizado fue como inscribirse en carreras de Fórmula 1 sin haber instalado ni revisado el motor, el sistema de frenos, ni la capacidad del piloto, lo que lógicamente generó problemas al entrar en la primera curva pronunciada.

– Deficiencias en políticas macroeconómicas
  (fiscales, monetarias y externas)

La imprudencia en las políticas públicas suele ser un factor que, en el mediano plazo, despierta una crisis. La disponibilidad de capitales internacionales abundantes en oleadas de euforia o alta liquidez ha tendido a ser la fuente de esas deficiencias en el plano fiscal, monetario y de pagos externos. Estas deficiencias –o imprudencias– se ponen de manifiesto en forma de crisis en los períodos de restricciones de la liquidez internacional.

La responsabilidad histórica por estos procesos es compartida tanto por los gobiernos y empresarios de los países receptores, como por los acreedores –que también valoraban más sus comisiones presentes que los riesgos (y comisiones) futuros– y por los propios organismos internacionales que alabaron las bondades del reciclaje internacional de capitales, sobre todo en la época de exceso de liquidez por abundancia de petrodólares. Unos y otros se comportaron de manera similar en el proceso que llevó a la crisis de la deuda de los ochenta como en la primera parte de los años noventa. Como si el nuevo *maná* fuera un regalo de Dios que iba a estar disponible siempre, y no préstamos a interés o inversiones a plazo y en busca de retornos.

– Fortaleza del sistema financiero y del mercado
  de capitales

Éste fue otro factor fundamental en varios episodios críticos. Los sistemas financieros nacionales de muchos países receptores no estaban preparados para intermediar eficientemente grandes flujos de capital. Por otra parte, los organismos públicos encargados de la supervisión financiera no tenían ni una legislación ni regulaciones prudenciales eficientes así como tampoco cantidad ni calidad de recursos para efectuar una adecuada supervisión del mercado local de crédito y de capital.

– Imprudencia en el manejo de la deuda pública
  y privada

En muchos casos, cuando los países tuvieron problemas por mayores dificultades de acceso al crédito y mayores costos, optaron por reducir el plazo de las colocaciones, convertir la deuda en monedas fuertes, y colocar deuda a tasa variable. Como veremos, en los casos de México, en 1994, y Brasil, en 1998, entre otros, esto generó una concentración de vencimientos, mayor costo fiscal, percepción de un mayor riesgo de renovación de la deuda, pérdida de reservas, todo aquello que antecede a la devaluación de la moneda y al incumplimiento o *default* de los compromisos, con pésimas consecuencias financieras y económicas.

En general, las crisis responden a algunos de estos factores externos e internos, y son la consecuencia de fuertes procesos de ingresos de capital de cartera (inversiones financieras), incorrectamente asignados en los países receptores para mejorar su capacidad productiva y de repago de los capitales recibidos. Por lo demás, no es raro que estos ingresos de capital correspondan a inversiones especulativas que buscan aprovechar el diferencial entre las mayores tasas de interés locales respecto de las tasas internacionales. Pero esta misma abundancia de capital externo lleva a una apreciación de la moneda local, eleva la disponibilidad de crédito y genera un mayor crecimiento ligado a mayores importaciones de bienes de consumo e inversión, más que al crecimiento de las exportaciones, debido al abaratamiento relativo de los productos importados. Pero, en algún momento, la acumulación de déficit y el nivel de endeudamiento generan, a su vez, una salida de capitales que se va acelerando y desemboca en un *desbarranque* de la moneda, el crédito y la actividad económica en general.

Luego de haber expuesto en términos generales los factores, alcance y extensión de las crisis, resulta apropiado profundizar en los factores específicos que provocaron las crisis financieras más relevantes de los años noventa.

Naturaleza de las crisis financieras
de los años noventa

Uno de los argumentos más poderosos para sostener que las causas y los efectos fundamentales de las crisis de la última década son de naturaleza sistémica o que están íntimamente relacionadas con la globalización financiera es la persistencia, frecuencia y alcance geográfico de tales crisis. En este caso, nos estamos refiriendo a la crisis en términos holísticos, estamos hablando del alcance del incendio, más allá de dónde y cuándo comenzó, o desde dónde se extendió el primer foco.

Analicemos, en primer lugar, la recurrencia. Las crisis en mercados emergentes (recordemos que ya en 1992 el poderoso sistema monetario europeo atravesó por su propia turbulencia) están presentes desde 1994 prácticamente hasta la actualidad, comenzando con la crisis con epicentro en México (1994-1995), sudeste de Asia (1997), este de Asia (1997), Rusia (1998), Brasil (1998-1999), Turquía (2000-2001), Argentina (2001).

Con respecto a la extensión temporal, así como vimos que suceden con menor intervalo de tiempo, las crisis son de mayor duración: el tequila duró entre cuatro y seis meses, la crisis de Asia alrededor de nueve meses, la de Rusia, que se encadenó con la de Brasil –cerca de dos años– y la Argentina todavía no lo sabemos al tiempo de escribir estas páginas.

En cuanto a la globalidad de las crisis, cada una de ellas generó mayor contagio; la de México afectó a nueve economías en los seis meses posteriores al inicio, la de Asia a diez países, la crisis de Rusia afectó a trece naciones. En cada crisis se sucedió una contracción de los movimientos de capital hacia países emergentes, cada vez mayor, lo que generó una suerte de *crescendo* en la aversión al riesgo de los inversores institucionales y la llamada *fuga hacia la calidad* de sus carteras. Nótese que, en el caso de Rusia, también se vieron directamente afectadas instituciones financieras importantes de Alemania y los Estados Unidos. Esto, como veremos, llevó a las autoridades públicas de esos países a plantear la necesidad de una mayor regulación del mercado internacional de capitales, en lo que se dio en llamar una Nueva Arquitectura Financiera Internacional (de lo cual nos ocuparemos en un próximo capítulo).

Las crisis suelen medirse por la duración y grado de la corrida cambiaria y de las presiones en el mercado de capitales, por sus efectos sobre el derrumbe de los valores bursátiles y por la suba en los diferenciales de interés de los bonos del país afectado con respecto a un título semejante del Tesoro de los Estados Unidos. Este diferencial de interés, que se produce con la caída del valor de mercado de los bonos de los países afectados es lo que se mide como *riesgo país*.

No obstante, resulta necesario elaborar indicadores que abarquen los distintos factores externos e internos, ponderados por su importancia, más allá de estudiarlos de manera aislada, para poder entender las razones por las cuales se producen las crisis y, más importante aún, poder prevenirlas o atenuar sus efectos. De esto se tratan, en esencia, adelantémoslo, las reformas más recientes en regulaciones de organismos internacionales (FMI, Banco de Basilea) y en los debates sobre la Nueva Arquitectura Financiera.

Es más sencillo entender los motivos por los cuales las crisis afectan en mayor medida a unas economías que a otras cuando se ven las variables en forma conjunta y no de manera aislada. En general, puede observarse que los *shocks* globales (en tanto factor exógeno) o las inconsistentes políticas macroeconómicas, tal como fuertes desequilibrios de balance de pagos o fiscales unidos a una apreciación exagerada del tipo de cambio son los que causan o *gatillan* las crisis.

Existen varios indicadores relevantes para advertir el peligro de crisis y su evolución. Citemos algunos relativos al sector externo y otros sobre los desequilibrios internos. Entre los primeros se debe tener en cuenta la capacidad de pago del país con respecto a sus obligaciones externas. Para medir esta variable, el coeficiente más utilizado en las calificaciones internacionales es el que relaciona la deuda externa total con las exportaciones (D/X); esta variable también se aprecia en la relación entre el nivel de reservas con las obligaciones de pagos de corto plazo y la necesidad de importaciones. No basta sólo con estudiar la magnitud de la apreciación cambiaria, sino que se debe observar la evolución de la productividad de la economía y la composición del déficit de cuenta corriente (tanto del balance comercial como de los pagos de intereses y utilidades, que en la metodología actual de balance de pagos se agrupan como *rentas del capital*).

Para evaluar los desequilibrios internos se debe monitorear, principalmente, la relación entre ingresos y gastos públicos, y la evolución de los indicadores monetarios básicos (oferta monetaria, tasas de interés, depósitos y créditos).

Pero hemos visto que las crisis afectan no sólo a los países donde estallan, sino que también se contagian a otros. Para analizar los factores de contagio deben analizarse, además de las paridades cambiarias, los términos de intercambio (relación de precios de exportación e importación) y la demanda externa de los productos exportables por el país, también el efecto de la variación de las tasas de interés internacionales y la prima de riesgo del país en cuestión, así como la adecuación del nivel de sus reservas internacionales. Debe analizarse, asimismo, la dinámica de la deuda externa, no sólo su magnitud, sino también el plazo promedio de los vencimientos, la composición por moneda, por tipo de deuda (no es lo mismo si corresponde a bonos que se transan en el mercado que a deuda con organismos internacionales), el nivel y variabilidad del interés acordado, la importancia de no residentes como tenedores de los títulos de deuda, etcétera.

Antes de ampliar el examen de los casos más notorios, conviene subrayar que si bien el contagio no es aleatorio y depende de factores regionales y de variables internas en cuanto al grado e intensidad, cuando las crisis alcanzan al centro del sistema (países desarrollados), como ocurrió en particular en el caso de Rusia, resulta muy difícil a los países más pequeños aislarse de sus efectos.

Las crisis recientes

México, 1994-1995

Luego de la euforia desatada en 1991 y que tuvo su clímax entre 1992 y enero de 1994, la primera experiencia de crisis al igual que en 1992 tuvo por protagonista a México.

Cuando la Reserva Federal de los Estados Unidos cambió su política monetaria durante 1994, y la tasa de interés de referencia del dólar subió en el año del 3% al 6%, México empezó a sufrir una serie de *shocks* por diversas causas, tanto externas como de índole política y económica interna, que lo afectaron particularmente y culminaron en la crisis que estalló en diciembre de ese año.

México no solamente representaba el paradigma de país emergente exitoso para los organismos internacionales y el *mercado*, y por ende era una referencia para el resto de los países emergentes. En ese momento, era el depositario de casi un tercio de la inversión de cartera en bonos extranjeros, fundamentalmente de los Estados Unidos.

Si bien los problemas políticos, como el fenómeno de Chiapas y el asesinato del candidato presidencial oficialista Luis D. Colosio, y las dudas sobre la continuidad del predominio electoral del PRI, que había regido la política del país casi medio siglo, influyeron significativamente en la creación de un clima de volatilidad e incertidumbre, a su vez se tomaron decisiones de política económica que agravaron las tensiones creadas y se montaron sobre los desequilibrios causados por el aluvión de capital externo, como el elevado déficit de cuenta corriente y el escaso nivel de ahorro interno.

Los desequilibrios de balance de pagos no preocuparon al gobierno mexicano –como sí a los de otros países latinoamericanos en su momento– por entender que había sido producido por un cambio estructural de precios relativos y que el aumento de productividad de la economía permitiría reducir costos, aumentar la eficiencia global, la competitividad internacional y las exportaciones, lo que en el mediano plazo reduciría los desequilibrios. En síntesis, tales equilibrios eran el reflejo de una decisión de asignación de ingresos y gastos del mercado ante la presencia de financiamiento, y la economía mexicana sería capaz de adaptarse en caso de haber una menor oferta de fondos o un descenso en el rendimiento de las inversiones.

Por efecto de la política de esterilización del ingreso de capitales (absorción por parte del Estado del ingreso de capital mediante la colocación de bonos) que provocaba una suba en la tasa de interés, el gobierno mexicano expandió fuertemente el crédito interno –que se elevó de 2 a 4 puntos del producto bruto interno durante 1994–, sobre todo a través de los bancos oficiales, y asimismo permitió aumentar aún más los gastos y el déficit fiscal, ante la inminencia de la campaña presidencial. Se especulaba también con que el fenómeno de altas tasas de interés fuese de carácter transitorio, ante la visión de que el *shock* causado por los efectos de la nueva política monetaria de los Estados Unidos sería absorbido y, al desaparecer las turbulencias, se reanudaría el ingreso de fondos del exterior.

Durante 1994, en virtud del aumento de la prima de riesgo para la colocación de títulos en pesos mexicanos a largo plazo, se apeló a una voluminosa y creciente colocación de letras en dólares a corto plazo (denominados CETES, similares a las LETES de Argentina), con la consiguiente concentración de vencimientos a corto plazo en deuda dolarizada y en manos, principalmente, de fondos de inversión del exterior.

La incertidumbre ante la expectativa de la transición a un nuevo gobierno y el efecto de esa concentración de vencimientos de corto plazo, hizo que las reservas se fueran reduciendo rápidamente. Esto obligó a una devaluación tardía en diciembre de 1994 que provocó la flotación de la moneda y llevó a una depreciación de más del 50% del peso mexicano en tres meses. Ante la pérdida ocasionada por la devaluación, los inversores decidieron salir de los fondos mutuos que invertían en activos mexicanos, lo que produjo una caída mayor en los precios, agravando la crisis. La suba de la tasa de interés para detener la fuga de capitales golpeó, además, al sistema bancario, que también tenía sus activos en papeles de la deuda mexicana y que empezó a ver crecer enormemente la incobrabilidad de los préstamos otorgados. Y el Estado asumió una gran parte de las pérdidas mediante el traspaso de los créditos malos a una agencia pública e, incluso, mediante una estatización de los bancos privados en problemas, ¡como en 1982!

El caso de México es ilustrativo. Como si la crisis de la deuda de los años ochenta –y la *década perdida*– no hubiese ocurrido, muchos países latinoamericanos fluctuaron entre períodos de garantía irrestricta de los depósitos, favoreciendo así a los grandes especuladores y a grupos económicos que usaban bancos vinculados para que les sirvieran de brazos financieros para la obtención de crédito y transferencia de los malos activos, en desmedro del ahorro público, y momentos de ausencia total de garantías, que provocaron la quiebra de empresas y de los ahorros de los más pequeños y menos informados. En uno y otro caso, el Estado asumió la pérdida –como tantas veces– de los malos negocios privados.

– Efecto contagio de la crisis mexicana en los países
   emergentes

La crisis mexicana provocó una crisis de confianza que afectó no solamente al conjunto de los países emergentes y a las economías de Europa del Este. También provocó tensiones cambiarias y caída en los precios de los activos (financieros, como acciones, bonos) en los países nórdicos y de Europa meridional. Desde ya que las consecuencias fueron de distinto grado y duración en función de cuál había sido la proporción del ahorro externo en el ahorro total, del nivel de capitales de mayor volatilidad sobre el total (inversiones de cartera), de la fortaleza de los sistemas financieros nacionales (fundamentalmente) y de la medida en que se habían atenuado, en el momento de auge, los efectos del ingreso de capitales. Es importante destacar que los mercados de capitales percibían que los países que habían logrado disponer de una masa importante de ahorro interno, aunque mantuvieran altos déficit de pagos externos pero con un alto crecimiento de la inversión (capacidad productiva) con respecto al consumo, estaban relativamente inmunizados.

Por los motivos expuestos, en este primer test o crisis, México y Argentina fueron más afectados que Chile y los países de Asia Oriental. En tal sentido, se observó una disminución en la distribución global de inversiones en América Latina a favor de los países asiáticos, y, dentro de América Latina, hacia Chile y Brasil.

Los países desarrollados, especialmente los Estados Unidos, y los organismos internacionales, al tomar conciencia de los riesgos sistémicos de contagio de la crisis mexicana, actuaron con premura canalizando fondos para ayudar a la estabilización en las condiciones financieras de México, mediante la aplicación de un paquete financiero por un importe de 40 mil millones de dólares aprobado a fines de enero de 1995, que representó el desembolso más importante en términos de monto y en tiempo récord.

Es importante destacar que dicha actitud provocó disidencias en el seno de muchos países europeos y en Japón, pero el gran impulso de los Estados Unidos, que veía cómo la crisis incidía en su área de influencia y también a nivel doméstico, directamente en términos de inmigración y pérdida de comercio, forzó la aplicación de ese apoyo. Esto generó un debate a nivel internacional, que retomaremos más adelante en el capítulo correspondiente a la Nueva Arquitectura Financiera Internacional, con respecto a cuándo, a quiénes y de qué forma se debía rescatar ante crisis financieras.

En los primeros momentos de la crisis, ésta se contagió al conjunto de los mercados, a través del efecto *manada*. Pero, con el correr de los meses, los inversores fueron diferenciando el grado de vulnerabilidad de los distintos países ante el *shock* producido. Ya en febrero, los mercados financieros de Asia habían recuperado las pérdidas acumuladas en los dos meses previos, mientras que los mercados bursátiles de México, Argentina y Brasil decayeron el 65%, 13% y 40% respectivamente, entre la devaluación mexicana y marzo de 1995.

El crecimiento del producto bruto interno de los países latinoamericanos, que en 1994 había alcanzado el 5,3% se reduciría al 2% en 1995, por influencia de la fuerte caída del producto mexicano y de la Argentina (que, habiendo crecido fuertemente entre 1992 y 1994, tendría en 1995 una caída de casi el 5% del PBI). Otros países, como Brasil y Chile, mantuvieron en mayor o menor medida las tasas de crecimiento previas al efecto *tequila*.

Aunque más adelante veremos los efectos de las crisis sobre la Argentina, anticipemos que su economía mantuvo la estabilidad cambiaria y de precios, pero sufrió una corrida bancaria que provocó la caída de varios bancos y otras instituciones financieras, en un marco de una rápida caída de los ingresos y el empleo.

Asia, 1997-1998

Vimos que en el caso de México y Argentina se puso el énfasis en que habían sufrido ataques especulativos, debido al bajo nivel de ahorro interno y a que los fuertes ingresos de capitales se destinaron a financiar el consumo, y no a un aumento sostenido en la tasa de inversión que generaría su repago en el largo plazo, como en los *milagrosos* países de Asia, de alta tasa de ahorro interno y también muy alto uso del capital externo para inversión. México ya no era un paradigma. Quedaba Asia.

Esta percepción, así descrita, en 1994-1996, en los estertores de la crisis de México, no duró para siempre. A diferencia de la crisis mexicana y de las tradicionales de América Latina en general, donde el endeudamiento tiene una alta participación del Estado, en Asia el sobreendeudamiento en este período es, en general, de índole privada. En cuanto a los equilibrios macroeconómicos, los países del Asia presentaban una posición fiscal equilibrada e, incluso, superavitaria en algunos casos. No sólo eso. Tradicionalmente, los ingresos de capital a países de Asia habían sido restringidos a préstamos bancarios para el desarrollo de actividades productivas, con fuerte énfasis en sectores destinados a la exportación. Éste era el correlato no sólo de una cultura productiva, sino de políticas nacionales de largo plazo, con profundas limitaciones a actividades financieras, que se subordinaban a dichos objetivos.

Hasta mediados de la década, el ingreso de capital predominante en la región era la inversión extranjera directa, pero, a partir de 1995, gran parte del ingreso de capitales tendió a canalizarse principalmente hacia inversiones financieras o inmobiliarias, lo que provocó una euforia especulativa que multiplicó los valores de propiedades y activos financieros.

Por ejemplo, si se toma el caso de Tailandia, que es el país donde explotó la crisis, existían tradicionalmente regulaciones que limitaban el crédito bancario a operaciones inmobiliarias que se consideraban especulativas. Pero estas regulaciones fueron eliminadas, y se liberalizó el sistema financiero, ante intensas presiones de los organismos internacionales y de entidades financieras occidentales que pugnaban por eliminar esas barreras a la libertad de los *mercados*. El uso indiscriminado del crédito inmobiliario y bursátil derivó en una crisis inédita y de magnitud, con violentas caídas de los precios de los activos inmobiliarios y financieros. Esto ocurrió cuando los inversores se dieron cuenta de que las proyecciones de ganancias no se correspondían ya con el costo y magnitud de las inversiones efectuadas.

Más allá del estímulo de la apertura financiera en estos países, la combinación de estabilidad cambiaria y mayores tasas de interés respecto de los países centrales eran un atractivo para los inversores externos. Como estas tasas de interés eran menores que las tasas de interés locales para los deudores domésticos asiáticos, esto provocó un fuerte incentivo al sector privado a un proceso de sobreendeudamiento en divisas.

Para tener una idea de la magnitud del fenómeno, el ingreso de capitales acumulado entre 1989 y 1996 representó el 55% del PBI de Tailandia. Ese ingreso de capital amplió enormemente el crédito al sector privado, que en 1997 llegó a ser cuatro o cinco veces superior al promedio de la década. Este ingreso de fondos generó, también, una fuerte apreciación cambiaria que retroalimentó el ingreso de fondos, que obtenían ganancias extraordinarias tanto por las altas tasas como por la revalorización de la moneda local. No obstante, en algún momento se revirtió el ciclo y se produjo una salida de capitales, que desembocó en bruscas devaluaciones de las monedas domésticas. Esto ocurrió en Tailandia.

En varios países asiáticos (Tailandia, Malasia, Indonesia, Corea) ocurrieron los dos tipos de crisis que vimos antes: crisis cambiaria y financiera (crisis *mellizas* según varios analistas). Las crisis empiezan por una corrida cambiaria que genera una fuerte presión sobre las reservas y termina en una fuerte devaluación de la moneda, o bien por una corrida bancaria, o bien por una combinación de ambas ligada con endeudamiento privado.

Las devaluaciones se inician cuando los inversores especulativos desconfían de la sustentabilidad de las monedas asiáticas, y prevén que la apreciación cambiaria está llegando a un extremo en que tendrá que revertirse, lo que genera una suerte de profecía autocumplida. La salida de capitales es inicialmente resistida con pérdidas de reservas, hasta que el gobierno se ve forzado a dejar flotar la moneda nacional.

Otra fuente de ingreso de capital en los países de Asia era el propio sistema financiero local, que se endeudaba en moneda extranjera y prestaba, a su vez, en moneda local a un interés más alto, sin cubrir el riesgo cambiario por la estabilidad de estos países. Cuando en algún momento se producen las devaluaciones y hay retiros de depósitos, los sistemas financieros se quedan con activos devaluados y pasivos en dólares, produciéndose entonces el derrumbe de esos sistemas, bajo la dramática forma de una corrida bancaria.

Existió un agravante en la crisis asiática respecto de la de México. En la crisis de México, su socio principal, los Estados Unidos, estaba en un momento de fuerte crecimiento, igual que Alemania en la crisis cambiaria europea de 1992. En cambio, en la crisis asiática, Japón, la principal economía de la región, estaba en plena recesión.

El problema fundamental de la región era que estaba en tela de juicio la solidez de sus sistemas financieros, y esto llegó a afectar, incluso, a plazas financieras tan sólidas como Singapur, Hong Kong y Taiwán, que también se vieron sometidas a ataques especulativos.

La crisis de Hong Kong agravó el contagio global que se había producido, con las devaluaciones y fuertes caídas de las bolsas del sur de Asia. Esto motivó un aumento de la aversión al riesgo y una fuga hacia plazas y valores más seguros, lo que provocó, entre otras cosas, caídas en las bolsas de los Estados Unidos, de Europa y, por supuesto, de América Latina.

La excepción fue China. Si bien su posición externa e interna era comparable a la de Indonesia, por ejemplo, su fuerte posición de reservas, unida a sus controles de capital y al crecimiento de sus exportaciones, le permitieron aislarse de la crisis regional. Esto último representó otra vuelta de tuerca sobre el modesto y culposo reconocimiento por parte de los organismos internacionales, de que no siempre la apertura financiera es la mejor política a seguir.

En las crisis de los países asiáticos se puso de manifiesto otro factor importante que afecta a muchos *mercados emergentes*. Se trata de la frecuencia de los casos llamados eufemísticamente de *riesgo moral*: corrupción, colusión, compadrazgo, que puede producirse por problemas vinculados con escasa transparencia en el gobierno de las empresas, con abusos de los grupos que las controlan, además de conflictos de intereses por los estrechos vínculos entre gobierno-empresas-bancos. Esto se revela a las claras cuando los bancos locales sirven de agentes financieros del Estado para financiar a grupos económicos vinculados.

Esto último podría justificarse hasta cierto punto si se empleara para una estrategia nacional de desarrollo –así intermediaron el ahorro hacia la inversión Japón y Corea, entre otros–, pero en el marco de una relativa corruptela, puede generar situaciones de sobreendeudamiento y mala asignación del crédito por falta de valoración objetiva de los riesgos. Todos estos inconvenientes eran soslayados o estaban disimulados en el *auge* y los inversores fueron descubriendo las manzanas podridas detrás de las ricas y jugosas que se veían desde algo más lejos en el exterior.

Este fenómeno introduce otro aspecto del riesgo moral, al cual se viene dando relevancia en los planteamientos de la Nueva Arquitectura. Ocurría que los operadores financieros del exterior obtenían ganancias extraordinarias con una *percepción* de bajo riesgo, no sólo debido al buen comportamiento histórico de los sistemas financieros de los países asiáticos, sino también porque contaban con la existencia de un prestamista de última instancia local o internacional, que soportaría o rescataría a dichas entidades en caso de dificultades, lo que generaba una gran burbuja especulativa que no se habría producido si los riesgos hubieran sido valorados adecuadamente.

De todos modos, debemos señalar que el énfasis que se pone en la falta de transparencia y las debilidades de los sistemas bancarios, fundamentalmente en aspectos de regulación prudencial y supervisión, no debe hacer perder la perspectiva de que estos fenómenos no eran nuevos y que el factor central, de la crisis asiática fue el efecto del ingreso de capitales de corto plazo, que en ese contexto generó un cóctel explosivo.

Rusia, 1998

Rusia es otro caso paradigmático. Desde la disolución de la U.R.S.S. en 1991, el gobierno ruso comenzó a aplicar una serie de *reformas* destinadas a convertir rápidamente (con el beneplácito de los organismos internacionales) una economía centralmente planificada en una economía de mercado. China eligió, en cambio (y tal parece con mejores resultados), un camino mas pragmático y gradualista para orientar su transición

En tal sentido en Rusia se efectuaron una amplia desregulación del sistema de precios y un amplio programa de privatizaciones, donde unos pocos *ex jerarcas* del régimen anterior concentraron el control de los principales bancos y empresas. En el mismo sentido se impulsó la generación de un mercado de capitales, en el marco de una natural ausencia de cultura inversora, de la falta de una adecuada regulación prudencial (contrapeso necesario de una liberalización financiera), además de la inexistencia de una efectiva supervisión sistémica, y de múltiples fallas de naturaleza jurídica e institucional, propias de una instrumentación muy rápida y desordenada de reformas pro mercado.

La situación macroeconómica, inicialmente estable por los ingresos de las privatizaciones que compensaban la fuerte debilidad fiscal, en un marco de gran corrupción y alta evasión, se fue deteriorando progresivamente, y se generó una dinámica de endeudamiento con organismos internacionales, por un lado, y con bancos (principalmente europeos y predominantemente alemanes) y fondos especulativos globales por el otro, mediante la emisión de títulos de deuda pública de corto plazo, a tasas crecientes, que redituaban un excelente negocio –en un marco de relativa estabilidad cambiaria– para los inversores, pero claramente insostenible en el largo plazo.

En el ínterin, el gobierno ruso convirtió la deuda en rublos a dólares, con el objetivo de reducir el servicio de intereses, igual que México en 1994, pero a costa de agravar la situación fiscal por el impacto de la progresiva devaluación del rublo que compensaba con creces la reducción inicial en las tasas de interés.

Cuando los inversores globales deciden salir masivamente de los activos rusos, al advertir los grandes riesgos implícitos que implicaba una dinámica peligrosa de endeudamiento creciente y pérdida de reservas, se produce la eclosión. La ocurrencia de la crisis contradijo el difundido entendimiento *naïf* de que Rusia era demasiado grande y su programa de reformas políticas y económicas de absoluta importancia estratégica para Occidente para inmunizarla de posibles crisis financieras.

Los cambios de percepción, en el marco de una fuerte aversión al riesgo que predominó en los tradicionales inversores de los mercados emergentes, gatillaron la crisis, convirtiendo a la profecía en autocumplida, lo que obligó a la flotación del rublo y ocasionó la moratoria de la deuda externa e interna en julio de 1998, a pesar de los fuertes desembolsos de organismos internacionales en las semanas previas.

El impacto de la crisis rusa fue el más significativo –según vimos previamente– debido a la fuerte exposición de los inversores globales y de los bancos de los países centrales en activos rusos, cuando el mercado global no estaba aún enteramente repuesto de la crisis asiática. Esto obligó a la Reserva Federal de los Estados Unidos a bajar sensiblemente las tasas de interés (a pesar de que el país estaba creciendo fuertemente), política acompañada por los bancos centrales de Europa, para evitar una crisis sistémica que afectara al sistema financiero internacional, además de tomar medidas adicionales vinculadas con una redefinición de la nueva arquitectura internacional, que discutiremos con detalle en el próximo capítulo.

Brasil, 1998-1999

En el caso de Brasil, el país había atravesado relativamente bien la crisis de Asia, debido a la confianza que inspiraba su nivel de crecimiento en el marco del plan de estabilización (Plan Real) iniciado en 1994, a pesar de mantener un fuerte déficit de cuenta corriente y fiscal. Pero en 1998, con un menor nivel de crecimiento y ante la situación global post crisis rusa, empezó a haber crecientes dudas acerca de la factibilidad de que Brasil pudiese mantener la política cambiaria.

En tal sentido se produjo un fuerte aumento de la prima de riesgo generado por la caída de los bonos de la deuda brasileña y las fuertes salidas de capital por parte de empresas y bancos extranjeros radicados en Brasil, seguidos luego también por inversores brasileños, lo que presionó sobre el tipo de cambio financiero real-dólar.

Esto ocurrió no sólo por la situación particular, propia de Brasil, sino también por la fuerte aversión al riesgo a nivel global, en inversores y bancos extranjeros, que inducía a liquidar posiciones de países emergentes.

La salida de capitales y la pérdida de reservas obligó al Banco Central de Brasil a un endurecimiento de su política monetaria, a efectos de subir la tasa de interés para revertir ese flujo de capitales hacia el exterior. No obstante, esto afectó aún más la economía brasileña, particularmente la confianza y el nivel de actividad económico interno, generó mayores dudas acerca de la posibilidad de sostener la política cambiaria y produjo una salida de capitales aún mayor. Esto terminó de erosionar las reservas del Banco Central de Brasil y obligó a devaluar y dejar el tipo de cambio flotante en enero de 1999.

A diferencia de otras situaciones críticas observadas en la década, la situación que desembocó en la flotación del real fue la más anunciada de los últimos diez años, precisamente por el absoluto convencimiento –y consiguiente efecto en el mercado– de los inversores, de no seguir apostando a países que tuvieran una gran dependencia de flujos de capital, desequilibrios fiscal y externo y escasas reservas, que prevaleció luego de la crisis rusa, por lo que el efecto contagio generado por Brasil fue mas limitado que en las dos crisis precedentes (Asia y Rusia).

Este fenómeno, además de la concreción o, al menos, el esbozo de implementación de algunas medidas correctivas correspondientes a la Nueva Arquitectura del Sistema Financiero Internacional entre las crisis rusa y brasileña, permitió que solamente la Argentina fuese relativamente afectada.

Y ahora, veamos las crisis y el caso argentino

Las distintas crisis consideradas impactaron de distinta manera a la economía argentina, en función de causas externas e internas. Veámoslas y saquemos algunas conclusiones.

La crisis mexicana impactó profundamente en la economía argentina, por su particular vulnerabilidad al contagio. Esta vulnerabilidad residía en su alto déficit de cuenta corriente, bajo ahorro interno, uso del crédito para consumo y financiación de importaciones y, fundamentalmente, su endeble sistema financiero.

Esta vulnerabilidad se debió también a las limitaciones que el régimen de convertibilidad imponía a la adopción de medidas defensivas, y a la falta de atribuciones del Banco Central para actuar como prestamista de última instancia, así como a deficiencias de supervisión y políticas de valuación integral de riesgo en muchas instituciones bancarias.

Más allá de la corrección en el déficit externo que se produjo mediante la devaluación en términos reales a través de una fuerte recesión y la caída de precios e importaciones, la corrida financiera –que provocó una disminución de casi el 20% en los depósitos y el 30% en las reservas– sólo se detuvo en la Argentina cuando se impusieron las regulaciones bancarias más estrictas, dando garantías limitadas a los depósitos, aumentando las reservas, esquemas de seguros, facilidades contingentes y aumentando la capitalización de los bancos.

Esto contribuyó a restaurar una aparente solidez al sistema bancario, pero a costa de una fuerte concentración y extranjerización del sistema, debido al cierre de numerosos bancos pequeños, cooperativos y provinciales, y a la adquisición de las principales entidades nacionales por parte de los bancos del exterior. Esto, obviamente, mejoró la percepción externa sobre la fragilidad del sistema pero generó efectos negativos como: *a)* la concentración del crédito en las firmas más grandes, en particular a las multinacionales vinculadas con las matrices de los bancos extranjeros, *b)* mayor preferencia por la liquidez y *c)* un mayor racionamiento crediticio a empresas de menor tamaño, lo que afectó doblemente a la economía real, tal como se reflejó en el fuerte aumento del desempleo. Como se puede observar en la corrida financiera y en el ataque especulativo sobre la Argentina que se inicia en marzo de 2001 y recrudece en el segundo semestre de 2001, ningún sistema financiero puede resistir la quiebra de la economía real.

De todas maneras, la economía argentina se vio afectada por las otras crisis y sus efectos sobre las corrientes internacionales de capital, no sólo por el desequilibrio ya estructural de su intercambio y sus obligaciones financieras externas, sino también porque siguió teniendo que recurrir al mercado internacional de capitales para las necesidades de financiamiento público y privado. Y cuando este mercado se alteraba por las crisis que se iban sucediendo, la Argentina sufría el racionamiento de capitales pagando tasas de interés cada vez más elevadas, con mayores dificultades para obtener financiamiento.

En el caso de las crisis de Asia, lo que impactó a la Argentina, además de la retracción general de capitales hacia inversiones de menor riesgo en las economías centrales, fue el cambio de *sentimiento de los mercados* con respecto a la convertibilidad, por analogía con el ataque especulativo que sufriera Hong Kong, otra de las excepcionales economías con régimen de caja de conversión o convertibilidad sin trabas.

La crisis rusa añade contagio global y retracción crediticia adicional a la Argentina, mientras que la crisis de Brasil impacta aún más por el lado de los vínculos comerciales. La devaluación de Brasil, unida a la apreciación del dólar, genera una fuerte apreciación cambiaria que profundiza una recesión iniciada a mediados de 1998 y que continúa más de tres años después, ya al borde de la mayor depresión desde la gran crisis de comienzos de los años treinta. Entre otras cosas, porque la reiteración de las crisis, la recurrente dependencia argentina de flujos de capitales externos, el cierre virtual de estos mercados y la crisis fiscal, la bajísima tasa de ahorro interno, y el propio carácter procíclico del régimen de la convertibilidad, no parecen ofrecer salida a una situación de *default* virtual, que no encuentra salida en sucesivas *ingenierías financieras* como las reestructuraciones de deuda, ni en promesas de *déficit cero* a costa de los magros ingresos de gran parte de la población.

Así, la crisis argentina pasa de sucesivas crisis de liquidez a una crisis de solvencia. Se arraiga cada vez más, en los mercados internacionales, la convicción de que ésta es una economía estructuralmente incapaz de resolver los fuertes desequilibrios internos y externos, inclusive sus compromisos de pagos. ¿Cómo se ha llegado a esta situación?

Se ha llegado por la aplicación *ex-ante* (comienza a mediados de los años setenta) y pertinaz del conjunto de políticas que sería conocido como el Consenso de Washington por unos, y como modelo neoliberal por otros: una rápida e indiscriminada liberalización comercial y financiera, reducción del tamaño y las facultades del Estado, privatizaciones, desregulación de los mercados, etcétera. Ya en la década de los años noventa, el carácter absolutamente procíclico del régimen de convertibilidad, el despilfarro del ahorro externo en la oleada recibida entre 1991 y 1994, la apertura importadora irracional, la apreciación del peso atado al dólar fueron destruyendo una parte importante del aparato productivo local, lo que dificulta la generación de recursos en el largo plazo y conduce hacia esta situación de insolvencia.

Con respecto al imprudente carácter procíclico de las políticas aplicadas, cabe destacarse un ejemplo. Era absolutamente indispensable el ahorro de recursos en los momentos del auge de ingreso de capitales e ingreso de recursos por privatizaciones, para poder compensar con políticas monetarias y fiscales más expansivas en momentos depresivos. Esto es lo que hacen los países desarrollados mediante políticas activas con respecto al ciclo económico. Sin ir más lejos, está el ejemplo vecino de Chile, que instituyó un fondo estabilizador ligado a la evolución del precio internacional del cobre, su principal recurso de exportación, y siguió políticas pragmáticas en términos de política externa, fiscal y monetaria, incluso, con restricciones a los ingresos de capital cuando lo consideraron necesario y posible.

Una salida a la crisis argentina requiere de una fuerte reducción en el servicio de su deuda, pero, fundamentalmente, debe nutrirse de una estrategia racional y nacional de desarrollo de largo plazo, con un fuerte apoyo político, y dotada de consenso y pragmatismo, estrategia virtualmente ausente en los últimas décadas y requisito fundamental de cualquier nación para poder tener viabilidad como tal.

Esto supone no sólo un reconocimiento de la virtual quiebra que provocó la sucesión de políticas de ajuste de corto plazo que, privilegiando los aspectos instrumentales (equilibrios monetarios y fiscales) por sobre el desarrollo, terminaron –paradojalmente– ampliando y perpetuando los desequilibrios y generando la actual crisis. Quedó absolutamente claro que un país tiene capacidad de pago en el largo plazo sólo si crece, y, la forma más segura de incurrir en depresión es destruir las fuentes de riqueza de un país, su capital y su trabajo, por anteponer el carro a los caballos.

Resulta por ende imprescindible para la reconstrucción del país, la existencia de poder político, consenso y fundamentalmente calidad de gestión, orientada hacia el bien común, para la recuperación de la confianza, el crédito público y la legitimidad social.

Esto incluye –por citar algunos aspectos centrales– la reconstrucción de la legitimidad de los tres poderes de la nación, el surgimiento de una nueva clase dirigente, la reconstrucción de un sistema financiero distinto que sirva al interés de los ahorristas del país y a las necesidades de crédito de los argentinos, la recuperación aunque sea muy gradual de la confianza en la moneda local, luego de décadas de desconfianza por las crisis fiscales y de sector externo del país que desembocaron en crisis hiperinflacionarias, el surgimiento de una nueva clase empresarial nacional con un compromiso efectivo de cultura de inversión, empleo, innovación, y no sólo gestora de ventajas crediticias y subsidios.

Además resulta fundamental la recuperación de la institucionalidad fiscal, quebrada por las sucesivas crisis, concurrentes con la falta de legitimidad social de ajustes sin destino, que requiere de políticas efectivas de control de la evasión y una reforma tributaria, una redefinición del gasto público que permita eliminar privilegios e ineficiencias y que apoye la obra pública y la construcción de viviendas como motores de la economía. En la agenda de un plan sustentable no pueden faltar de ninguna manera, planes nacionales de alfabetización y salud pública de la población, elementos vergonzosamente ausentes desde hace ya varios años en la Argentina.

La importancia y recurrencia de las crisis globales y su impacto sobre las economías latinoamericanas, en particular sobre la economía argentina, lleva ahora a analizar cuestiones que hacen al rediseño de la arquitectura del sistema financiero internacional, asunto que ha sido retomado por la iniciativa misma de los principales centros de poder: Grupo de los Siete, organismos internacionales, bancos, inversores globales. A ello se dedica el capítulo siguiente.

2. ¿Hacia una Nueva Arquitectura Financiera Internacional?

Fundamentos de la necesidad de regulación

Se recordará que en la primera parte se hizo referencia a las iniciativas para introducir reformas en las reglas del juego de la movilidad internacional de capitales que se fueron desarrollando después del derrumbe del orden establecido en Bretton Woods. Estas iniciativas habían surgido, precisamente, de la sucesión de crisis financieras y de balance de pagos que vimos en el capítulo anterior. Y se lanzaron con el ambicioso título de una *Nueva Arquitectura Financiera Internacional*.

Veremos, en este capítulo, cuáles son los elementos básicos que corresponden a la arquitectura del sistema financiero internacional, cuáles son las iniciativas tendientes a su reforma, los alcances y limitaciones de dichas iniciativas para la prevención de las crisis financieras, iniciativas que veremos están estrechamente vinculadas con los intereses y la visión de los países centrales, y algunas reflexiones sobre las perspectivas que se abren a los países subdesarrollados y la Argentina en particular, en el actual contexto global y ante la perspectiva de algunas potenciales transformaciones sistémicas.

Se ha generado una amplia propuesta, originada en un acuerdo entre los Estados Unidos y Alemania acerca

111

de la necesidad de tomar urgentes y profundas medidas a raíz de las repercusiones de la crisis rusa en sus sistemas financieros, lo que se formalizó en la reunión del Grupo de los Siete, en octubre de 1998. Allí se acordó lanzar un programa de reformas. Para su análisis y debate, se creó entonces el *Financial Stability Forum* (FSF, Foro para la Estabilidad Financiera), un organismo prácticamente *virtual*, que cuenta con una pequeña secretaría en el Banco de Basilea.

Según sus estatutos, sus objetivos son evaluar los factores de vulnerabilidad que afectan al sistema financiero internacional, identificar y supervisar acciones tendientes a solucionar esos factores, y mejorar la información y la coordinación de los diversos organismos de regulación de los mercados de capital. Para ello, viene preparando y organizando reuniones, donde las iniciativas de reformas se discuten entre representantes de los siete grandes, del FMI, del Banco Mundial, del Banco de Basilea, de la Organización para la Cooperación y el Desarrollo (OCDE), del IOSCO (organismo que reúne a los reguladores nacionales de las bolsas y otros mercados de valores) y del IAIS (regulador global de los mercados de seguros). Ya veremos más en detalle las funciones de los organismos.

Destaquemos que, en la misma declaración del Grupo de los Siete que creó el FSF se reclamaba, entre otras cosas, revisar "las consecuencias de las operaciones de las organizaciones financieras internacionales fuertemente apalancadas [es decir, con fácil acceso a fuertes créditos bancarios que multiplicaban la capacidad de acción de su capital propio], incluidos los fondos de cobertura (*hedge funds*) y los conglomerados financieros" y además "fomentar el cumplimiento de las normas acordadas a nivel internacional por parte de los centros extraterritoriales (plazas *offshore*)".

De lo expuesto en el capítulo anterior sobre las recientes y frecuentes crisis financieras y de balance de pago de mercados emergentes (y de Rusia), sus causas, sus efectos transfronterizos y las amenazas sistémicas que planteaban, surge claramente la necesidad de introducir reformas a las reglas con que se rige la globalización financiera desarrollada en las últimas décadas. En efecto, la vasta desregulación financiera, los cambios en las instituciones, las masas de dinero que circulan en el mundo y las nuevas tecnologías han generado un mundo con marcada volatilidad de tipos de cambio, tasas de interés, y corrientes de capital asociados a crisis financieras periódicas de alcance global. Es éste, como se vio, un mundo muy diferente al imaginado por los arquitectos del acuerdo de Bretton Woods y que se vincula con las dos décadas *doradas* de crecimiento y estabilidad que sucedieron a la Segunda Gran Guerra.

Existe abundante evidencia empírica acerca de que la libre movilidad de capitales y la desregulación financiera están fuertemente correlacionadas con la vulnerabilidad global. La liberalización y la regularización financiera entrañan un balance dudoso en términos de riesgos y beneficios, para las tendencias de crecimiento económico y del comercio mundial de largo plazo.

El mundo de la globalización financiera contemporánea, es decir, un mundo con libre movilidad de capitales, requiere, además, de un proceso de fortalecimiento de la regulación, mejorar los aspectos de supervisión financiera, tanto en el nivel global como nacional, particularmente en los países más débiles. No se trata de desregular rápidamente para hacer botes más rápidos en las encrespadas olas del sistema; se trata, primero, de hacerlos más seguros para navegar en mares de tantas y tan variadas corrientes.

Además, es importante tener en cuenta que al medir los beneficios de la liberalización, generalmente hay diferencias entre los costos y beneficios individuales o privados, y los costos y beneficios sociales. Esto se observa en la asimetría de la distribución del costo de la crisis, que generalmente repercute menos en los acreedores y más en los deudores. Si de países se trata, los que más sufren las crisis suelen ser, precisamente, los sectores más débiles, más pobres, de menores ingresos.

Para analizar la conveniencia de la regulación de los flujos de capital de corto plazo, resulta necesario medir el impacto del costo social de la distorsión que producen los flujos de capital privado respecto de los beneficios emergentes; y, en caso de que el resultado fuese un costo de orden público, analizar si la intervención/regulación pública minimiza estos costos.

Resulta sintomático que la discusión sobre la necesidad de reformas al sistema monetario internacional desde Bretton Woods, desaparezca de escena en los momentos de auge, para reaparecer en las crisis. Así sucedió a mediados de los años setenta, en pleno desequilibrio de las paridades cambiarias que se habían dejado flotar en 1973, así también a fines de los años ochenta con planteamientos –surgidos de ámbitos académicos– de la necesidad "de un nuevo Bretton Woods".

En nuestro escenario, la toma de conciencia de la necesidad de reformar la *arquitectura financiera internacional* surge, como se dijo, después de que las crisis de los nuevos mercados emergentes, pero sobre todo de Rusia, conmovieran los mercados de capital y afectaran instituciones financieras importantes de los países centrales. Pero, hay que reconocer que, después del pico de interés alcanzado a raíz de la crisis rusa, con la declaración del Grupo de los Siete de 1998 y la creación por parte del FSF, de la necesidad de una reforma general, se ha pasado a la mera instrumentación de una serie de medidas parciales, complementarias de los Acuerdos de Basilea. Se trata de cuestiones que hacen a la transparencia de las operaciones de los centros *offshore*, sobre todo en relación con lavados de dinero o evasiones tributarias y de medidas adoptadas por el FMI para mejorar –hacer más rigurosa– su función de vigilancia preventiva y punitiva para los países en desarrollo que, a su criterio, no cumplen con las reglas y corren peligro de crisis.

Algunos analistas críticos se han preguntado si en verdad se trata de un nuevo proyecto de arquitectura o meramente de trabajos de albañilería para rellenar grietas y mejorar la fachada. No es casual que las medidas adoptadas, en su gran mayoría, se destinen a hacer más severa la vigilancia y la exigencia de reformas en los países en desarrollo que en las fuentes del capital internacional. Ésta es la antigua política del FMI centrada en la demanda, más que en la producción o en la oferta. Política remozada, eso sí, para cautelar mejor los problemas de crisis. Queda, no obstante, planteada la necesidad de una verdadera reforma, la creación de una nueva Arquitectura Financiera Internacional. Un "nuevo Bretton Woods" dicen algunos. A donde se llegue dependerá naturalmente, en este mundo de globalización financiera, de la evolución del sistema, sus crisis y sus efectos globales.

Veamos ahora, rápidamente, la creación, evolución y el papel actual de los principales organismos internacionales.

El Fondo Monetario Internacional (FMI) fue concebido en los Acuerdos de Bretton Woods y creado, posteriormente, dentro de un esquema de cambios prácticamente fijos– para financiar desequilibrios transitorios de balance de pagos y supervisar el cumplimiento de metas monetarias, fiscales y de sector externo coyunturales, de corto plazo. También se le dio la función de consensuar la autorización para devaluar o revaluar, en caso de que los cambios de la economía nacional afectada fueran *estructurales*. Con el tiempo, pasó a ocuparse cada vez más de los problemas de balance de pagos de países en desarrollo, con una ampliación de las condiciones que requerían para su ayuda financiera, que abarcaba el conjunto de las políticas macroeconómicas y recetas de ajuste severo para atender problemas de balance de pagos e inflacionarios. Con posterioridad a las crisis de la última década, y a las fuertes críticas que recibió de fuentes oficiales y académicas por no haberlas previsto, el FMI extendió sus medidas de control y difusión de la información económica –sobre todo de países en desarrollo–, así como las condiciones de sus préstamos, que se extendieron a las reformas llamadas estructurales (en esencia, liberación de los mercados de trabajo, de capital y de comercio). Llegó, así, a ser identificado, en el imaginario de estos países, como representante y cabeza de puente del capital financiero internacional.

El Banco Mundial, inicialmente concebido como organismo de reconstrucción y fomento para países devastados por la guerra, pasó a hacer préstamos de más largo plazo a países en desarrollo, principalmente para obras de infraestructura. Luego, con el Consenso de Washington, condicionó más sus créditos a reformas estructurales, en sociedad con el FMI y con otros organismos internacionales.

El Banco de Ajustes y Pagos Internacionales de Basilea (BIS o Banco de Basilea) nació en 1930 como organismo intergubernamental compensador de reparaciones de guerra luego de la Primera Guerra. A pesar de la interrupción de estos pagos, luego de la Segunda Guerra, el BIS emergió gradualmente como banco de bancos centrales (de los países centrales), como foro de negociaciones, entidad de registro y estudios analíticos con respecto a cuestiones monetarias y financieras de particular interés para esos banqueros. Posteriormente, se convirtió en el importante centro donde se estudian y promueven regulaciones bancarias a nivel mundial (los Concordatos de Basilea).

Elementos de la Nueva Arquitectura

Con las reservas del capítulo anterior, pasemos a analizar distintos aspectos que hacen a la agenda de la Nueva Arquitectura Internacional. Sus aspectos centrales son el rol, las funciones y los recursos financieros de los organismos internacionales; la adecuación de mecanismos de provisión de liquidez internacional; la necesidad y conveniencia de la existencia de un prestamista de última instancia; la situación de los países endeudados (mecanismos de refinanciación y modificaciones legales); la formulación y aplicación de estándares y códigos internacionales; la elección de sistemas cambiarios óptimos; la regulación de fondos especulativos; la necesidad de controles de capital; la situación de plazas *offshore* y las iniciativas tendientes a la regulación de conglomerados financieros.

Situación de los organismos internacionales

Rol y funciones

Uno de los escasos consensos a nivel mundial tiene que ver con la inadecuación del funcionamiento de los organismos internacionales a la globalización financiera existente hoy día. Las críticas se centran en el funcionamiento del FMI, y provienen de variadas vertientes del pensamiento y el poder. Desde la ortodoxia, señalan que las intervenciones del FMI distorsionan el funcionamiento de los mercados (en el extremo, "nada debe meter ruido en las señales de los precios"). Desde el pensamiento heterodoxo se ponen en tela de juicio las políticas macroeconómicas (fiscales, monetarias, cambiarias) y de reforma estructural con que condiciona sus préstamos (el llamado modelo neoliberal o el Consenso de Washington I). De uno y otro lado, pero, sobre todo, desde autoridades públicas de países centrales, se ha criticado también su probada incapacidad para prever a tiempo las crisis, y atenderlas eficientemente para limitar sus efectos en el tiempo y en el espacio.

Existen voces que proponen dividir el FMI en varias agencias, según sus distintas funciones, separando las unidades de información de otras destinadas a otorgar préstamos contingentes a países que ajustan, y otra dedicada a asistir la reestructuración de deudas internacionales. Otra visión reduce su rol a funciones de auditoría y no de préstamo. Otros van aún más allá y, a derecha e izquierda del arco ideológico, promueven lisa y llanamente la abolición del FMI. Las de izquierda, por considerarlo un mero instrumento de la banca internacional, y las de derecha, porque derrocha dineros de los contribuyentes (norte)americanos al salir al "rescate" de malos negocios de financistas de Wall Street con gobiernos y empresas poco confiables (aunque algunos de ellos, como ciertos ultra conservadores actualmente en funciones en el nuevo gobierno de los Estados Unidos, hayan cambiado su opinión acerca de la importancia de la subsistencia del FMI).

Una de las principales propuestas de reformas surgió del llamado *Informe Meltzer*, que fue solicitado por el Congreso de los Estados Unidos, como contrapartida para considerar un nuevo aporte financiero de ese país al FMI. Nos detendremos en las recomendaciones de esta Comisión porque traducen el pensamiento dominante en los círculos de poder del hegemón.

Las recomendaciones elevadas al Congreso reflejaron un acuerdo de la mayoría acerca de que los Estados Unidos podrían aumentar los recursos del FMI a través de una mayor cuota, con condiciones centradas en la necesidad de reformular la política crediticia de los organismos internacionales. Se deja al FMI la posibilidad de brindar asistencia ante crisis de liquidez, pero a plazos cortos y tasas punitivas. Además, se propone limitar los préstamos del Banco Mundial a países emergentes de "alto" PBI como Argentina, Brasil, Rusia, donde, en lugar de actuar como prestamista, lo haría como aval de créditos de mercado y coordinaría sus actividades con los bancos de desarrollo regional, como el Banco Interamericano de Desarrollo. Se aceptó la necesidad de un prestamista internacional de última instancia, pero se consideró que no existían recursos suficientes para implementarlo. También se accedió a otorgar la cancelación de la deuda externa solamente de los países más pobres del mundo (de imposible recupero en la práctica) pero haciendo imposible la viabilidad de esos países, al ligar tal cancelación a la prohibición de nuevos créditos y al vincular la condonación con políticas de reforma estructural estrictas y de apertura económica.

Si bien hubo disensos acerca de que la liberalización financiera agravó las crisis, la opinión mayoritaria mantuvo la línea tradicional de recomendar la apertura de los mercados de capital de los países emergentes. Con respecto a los controles de capital, se admite su utilidad en ciertos casos y por tiempo limitado, por ejemplo, en los controles a la entrada de capitales vigentes en Chile en los años noventa y en los introducidos a la salida de capitales en España, Gran Bretaña y otros países de Europa luego de la crisis cambiaria europea de 1992.

Recursos financieros de los organismos
internacionales y líneas de liquidez

Las crisis pusieron en evidencia la inadecuación de los recursos financieros del FMI y de los Organismos Financieros Internacionales en general frente al volumen de los paquetes de rescate de los países afectados. Considérese que, mientras el FMI disponía de 200 mil millones, los rescates, entre otros, fueron de 40 mil millones de dólares para México en 1994, 57 mil millones de dólares para Corea en 1997, y 42 mil millones de dólares para Brasil en 1999. De modo que hubo que recurrir a otros fondos, de organismos internacionales, de gobiernos y de mercados. Más allá de que en las crisis de los centros, los propios Bancos Centrales inyectan liquidez directamente cuando es necesario, resulta claro que en las crisis de los países emergentes han debido de generarse mecanismos *ad hoc*, improvisados en cuanto al monto disponible y las características de acceso al crédito.

El FMI no constituye, en la práctica, ni un banco central mundial, ni un prestamista de última instancia, porque no tiene la capacidad de emitir dinero, más allá de las escasas emisiones de los Derechos Especiales de Giro (DEG) autorizados en los últimos veinticinco años. Luego de la crisis rusa se crearon líneas de liquidez internacional, la llamada Línea de Crédito Contingente (CCL), que implica una línea de préstamos de corto plazo y desembolso rápido para países con crisis de balance de pagos por *shocks* internacionales que cumplan con determinados estándares de información y transparencia. Esta línea está destinada a beneficiar a países que sufren contagio, para complementar la Facilidad Suplementaria de Reserva (SRF), creada un año antes, sin límites de monto, pero sujeta a condicionalidad macroeconómica. Esto, evidentemente, no resuelve el dilema de encontrar fondos para nuevas crisis que siguen generándose en la periferia (Turquía y la Argentina, en el 2001, basten de ejemplo).

El tema de la creación, control y distribución de la liquidez internacional no puede divorciarse de la estructura de poder y gobierno del FMI, ya considerada en la primera parte, y que se tratará más en profundidad en la última de este trabajo. Los votos de cada país en dicho organismo son proporcionales a la cuota que integra. Los países desarrollados tienen la mayoría absoluta de los votos, y los Estados Unidos tienen poder de veto sobre decisiones estratégicas.

Cabe recordar que, en la práctica el FMI, el BIS y el *Finantial Stability Forum* instrumentan decisiones que toma el Grupo de los Siete o el de los Diez (países más desarrollados), sin que en ninguno de ellos haya representantes de países emergentes. Como una *concesión* a estos países, el Grupo de los Siete impulsó, en su reunión de 1999, la creación del grupo de los Veinte (Grupo de los Diez más 10 representantes de otros países desarrollados y principales países emergentes (la Argentina, Arabia Saudita, Australia, Brasil, China, Corea, la India, México, Sudáfrica y Turquía) para discutir ciertos temas. Pero, en los hechos, la agenda y la decisión final sobre las acciones concretas de reformas y de financiamiento corresponden a los países desarrollados.

Más allá de que sea políticamente deseable democratizar algunas de las decisiones de los organismos internacionales, resulta muy difícil una reforma en tal sentido. Sigue imperando el criterio de que el racionamiento de crédito es una acción virtuosa para países en problemas: si los tienen, es porque se los buscaron. Es como no darle de beber al borracho. Hay que someterlo a la disciplina de mercado. Por eso el dictamen de la Comisión Meltzer sostiene que corresponde al mercado co rregir desequilibrios de pagos externos y, en todo caso, atender algunas de sus fallas temporales de liquidez, siempre que sea con la disciplina correctiva de líneas de crédito selectivas y costosas.

Pero ocurre que es verdaderamente importante diferenciar si las crisis son problemas transitorios de liquidez o son de solvencia. En el primer caso, basta con disponer de crédito adicional para reemplazar la falta de crédito de mercado. En el segundo caso, el financiamiento no alcanza y resulta necesario llevar a cabo reformas estructurales y una refinanciación de los pasivos (que a veces está presente en las crisis de liquidez), como veremos más adelante. No debemos olvidar que las crisis de liquidez apenas resueltas pueden ocasionar problemas de solvencia. ¿No será éste uno de los problemas actuales de la Argentina?

La realidad, con respecto a los temas de liquidez, es que existe una asimetría entre los países que disponen de financiamiento en forma casi permanente y pueden demorar el ajuste o trasladar el peso del ajuste a los demás países, sin que el FMI pueda imponerles planes de ajuste por falta de poder y porque no necesitan de su ayuda; y aquellos países que disponen de crédito y liquidez internacional en los momentos de ciclos de euforia y deben ajustar en los momentos de la retracción del crédito internacional con recursos y condicionalidad del FMI.

Prestamista internacional de última instancia

Uno de los temas más discutidos en los últimos años tiene que ver con la necesidad de una autoridad monetaria que pueda actuar como prestamista internacional de última instancia y qué implicancias tendría su intervención. Un prestamista de última instancia internacional debe, en teoría, cumplir cuatro funciones: servir de prevención a las corridas de capital transfronterizas (pase lo que pase, hay un respaldo); otorgar financiamiento oportuno y suficiente en caso de producirse la corrida; facilitar o prestar en un marco de proceso de tipo *convocatoria de acreedores*; y asistir a los estados nacionales en caso de una crisis global.

Si bien éste debería ser uno de los temas centrales de la reforma de la Arquitectura Financiera Internacional, la verdad es que ha sido dejado de lado en los últimos tiempos, en tanto implicaría una delegación de poder hegemónico inconcebible en el mundo actual. En las discusiones, además de este argumento crucial, se ha aducido que la existencia de una institución de tales características aumentaría el ya tratado *riesgo moral*, pues la certeza de que alguien sale al rescate sería un incentivo para que los deudores no actuaran con prudencia y para que los acreedores especulativos buscaran altos rendimientos sin valorar adecuadamente los riesgos asociados.

Sin embargo, a nivel nacional, en casi todos los países el Banco Central actúa como prestamista de última instancia. En términos más generales, podría decirse que, en una sociedad organizada, la posibilidad de *riesgo moral* no impide tener mecanismos de seguridad para prevenir fenómenos críticos en distintos órdenes. Por ejemplo, no deja de existir un cuerpo de bomberos porque la gente pueda volverse menos prevenida para evitar incendios.

Resulta claro que, más allá de las argumentaciones teóricas o interesadas, las crisis sucesivas de los últimos años han mostrado claramente la necesidad de preservar al sistema financiero internacional y a las economías nacionales de los perversos efectos de esas crisis. Baste de ejemplo la intervención de la Reserva Federal de los Estados Unidos, que organizó un paquete de salvataje de un importante fondo de inversión que estuvo al borde de la quiebra por la crisis rusa.

De todos modos, los costos económicos, políticos y sociales para el país que sufre crisis, superan enormemente la especulación para la potencial existencia de un rescate. De ahí que sigan siendo válidos los argumentos para que haya un prestamista internacional de última instancia: bajar el riesgo sistémico para el sistema financiero mundial, prevenir el contagio entre naciones, y la posibilidad de redistribuir los costos de las crisis globales que más sufren los países menos desarrollados.

Códigos y normas internacionales

Más allá de las condicionalidades de coyuntura y de las reformas estructurales aplicadas o promovidas por los organismos internacionales, éstos, además de otros entes reguladores de mercados bancarios, de valores y de seguros (como el BIS, IOSCO, IAS), han diseñado y comenzado a aplicar normas y códigos para mejorar el funcionamiento de los mercados de capital nacionales.

Un fuerte impulso a estas actividades de organismos internacionales y entes reguladores se dio en el *Financial Stability Forum*, luego de las crisis de Asia y Rusia, en las que, como vimos, se pusieron de manifiesto múltiples fallas de información y de supervisión que no sólo impidieron la oportuna intervención para evitar o atenuar las crisis, sino que además abrieron un amplio campo a actividades con *riesgo moral*. De lo que se ha tratado hasta aquí, en esencia, es de homogeneizar para todos los mercados de capital las normas de regulación y supervisión que se aplican en los países desarrollados. Uno de los objetivos que se persigue es, precisamente, reducir los riesgos de crisis financiera y contagio internacional.

Concretamente, se trata de convenir y aplicar un conjunto de normas de regulación financiera y mecanismos de supervisión para el sistema financiero y el mercado de capitales, un conjunto de buenas prácticas que incluyen cuestiones de política macroeconómica, transparencia en la información, funcionamiento del mercado de capitales (bancos, fondos de pensión y otros inversores institucionales, mercados de valores y de seguros). Y de establecer la necesaria infraestructura institucional. El cumplimiento de estos objetivos se va incluyendo en la condicionalidad que aplican los organismos internacionales en sus operaciones de préstamos.

Estándares de transparencia

En primer lugar, los aspectos de transparencia en la información y en la política económica son un conjunto de códigos de buenas prácticas establecidos por el FMI en 1998, que incluyen la política monetaria y la supervisión del sistema financiero. Además existen normas de transparencia para la política fiscal: procedimientos legales y administrativos de las políticas fiscales, reglas de difusión de la información fiscal, criterios de participación en la formulación y ejecución presupuestaria, y control público e independiente de la política fiscal.

Las primeras normas de transparencia en la información fueron desarrolladas luego de la crisis mexicana y reactualizadas después de la crisis asiática. Un ejemplo: si bien existía información oficial adecuada sobre reservas internacionales (luego de la crisis mexicana se acordaron mecanismos para su publicación en Internet con dos días de rezago), la información sobre otros activos o pasivos era inexistente o desactualizada en muchos casos. Los deseos y necesidades de transparencia operativa e informativa van así concretándose en el mundo de la globalización financiera sobre la base de las propias experiencias de las crisis que sufren los participantes de ese mundo que tiene un contenido elevado de corrientes de lavado de dinero de origen espurio o ilegal. Es un largo camino, pero ya se ha empezado a avanzar, como veremos.

Códigos de regulación y supervisión

Las normas de regulación y supervisión corresponden a un conjunto de principios establecidos por los organismos internacionales como el Banco de Ajustes y Pagos de Basilea (BIS) para actividades bancarias, la Organización Internacional de Comisiones de Valores (IOSCO) para los mercados de acciones y títulos (incluyendo derivados), y la Asociación Internacional de Compañías de Seguros (IAIS) para supervisión de seguros.

Estas normas, en cuya elaboración participan otros organismos internacionales como la OCDE y el Banco Mundial, tienen como principal objetivo el mejor funcionamiento de los mercados financieros de distintos países, pero también tratan de establecer formas de investigar y tomar medidas contra el lavado de dinero, así como de mejorar la supervisión y auditoría de entidades financieras. En efecto, una de las principales causas de las crisis financieras es la inadecuada regulación y supervisión del sistema financiero, generada, en parte, por los propios procesos de globalización, desregulación e innovación financiera y la actividad creciente de los centros *offshore*. Este cóctel, unido a débiles aparatos nacionales de regulación, fue la fuente de muchas crisis que nacieron en países periféricos a partir de *shocks* bancarios que se transmitieron a la economía de esos países y de otros contagiados por ellos.

126

Tal vez, el hecho más importante de regulación internacional en los últimos tiempos haya sido el establecido en 1997 por el Banco de Basilea, que incluye reglas para una adecuada supervisión bancaria, con requerimientos de información, inclusive, para operaciones transfronterizas. En los mismos Principios Fundamentales para una Efectiva Supervisión del Sistema Financiero se incorporan otros aspectos que influyen en la salud del sistema bancario, como el contexto económico, normas de buen gobierno, manejo de bancos en situaciones difíciles, protección del riesgo sistémico, formación y retención de recursos humanos en los entes reguladores, etcétera.

Infraestructura institucional

Un buen funcionamiento del sistema de pagos es requisito para evitar una falla sistémica en el mercado financiero y en el mercado de capitales. El fuerte crecimiento de las transacciones ha provocado, en numerosos casos, que una falla en la concreción de una operación generase un efecto dominó que puede acarrear riesgos sistémicos. Para evitarlo, se han desarrollado sistemas de pagos entre los Bancos Centrales y los bancos del sistema financiero. Por ejemplo, para la transferencia de fondos de manera electrónica, en lugar de utilizar formularios manuales que se cargaban diariamente. Se posibilita así el registro en tiempo real de las operaciones, lo que genera mayor seguridad de que no se produzca una falla en la cadena de pagos. También se han desarrollado sistemas de compensación y liquidación internacionales que reducen los riesgos sistémicos o de contagio por fallas del tipo antes mencionado.

La existencia de normas homogéneas de contabilidad y de auditoría facilita la evaluación económica y financiera de las empresas. Pero como en los distintos países, los Consejos Profesionales o los reguladores han desarrollado normas de contabilidad y auditoría que difieren en distintos temas (valuación, sistemas de amortización, normas de previsión, contabilización de derivados, etcétera), existe el Comité Internacional de Estándares de Contabilidad (IASC) que ha desarrollado estándares de uso internacional vinculados con la emisión y negociación de valores negociables. Estas normas todavía presentan diferencias pendientes de reconciliación con los principios que se aplican en los Estados Unidos. De todos modos, para la aplicación de las normas homogéneas se tropieza con las contradicciones entre la velocidad de las transacciones en el mundo contemporáneo de la informática y de Internet y la tradición de presentar los estados contables de las firmas con periodicidad anual, trimestral o mensual.

Queda claro que la falta de transparencia y la corrupción pública y privada no es patrimonio de los países en desarrollo; la reciente quiebra fraudulenta de Enron, donde fueron vulnerados elementales principios de supervisión, muestra las enormes fallas en la regulación en los propios países desarrollados y en los mismos Estados Unidos.

Resulta interesante insertar aquí una frase de Paul Volcker, ex presidente de la Reserva Federal de los Estados Unidos: "nunca vi un informe de auditor que dé señales de alerta de que un banco está en problemas". La efectiva regulación de las empresas de auditoría con fuertes conflictos de intereses, dado que a menudo firmas vinculadas son a su vez proveedoras de servicios de consultoría a las firmas auditadas, plantea la necesidad de revisar las normas sobre regulación de dichas empresas, mejorar los mecanismos de supervisión, y hacer más estricta la responsabilidad de directivos y auditores internos y externos ante fraudes, para asegurar los derechos de accionistas minoritarios trabajadores y consumidores.

Otras normas aplicables a empresas, valores y seguros

Con respecto al buen gobierno de las sociedades (o *gobernabilidad corporativa*, en una versión más ruda de la expresión del inglés *corporate governance*), la OCDE formuló principios que cubren cuatro aspectos básicos: protección de los derechos igualitarios de los accionistas, transparencia en la información, inclusión de auditores independientes, y un marco sobre el funcionamiento de la estructura de manejo de las sociedades.

En cuanto a la regulación de acciones, bonos y otros valores, en septiembre de 1998 la IOSCO publicó los *Objetivos y Principios de la Regulación de Títulos Valores*, que incluyen tres áreas críticas: protección del consumidor, reducción del riesgo sistémico y promoción de la integridad y eficiencia de los mercados (lo que está estrechamente vinculado a las otras dos áreas).

En los *Objetivos* y *Principios* se definieron una cantidad de principios generales vinculados con funciones, responsabilidad y recursos del regulador, cumplimiento de las normas, supervisión de los mercados, requerimientos para intermediarios de los mercados, mecanismos de ahorro colectivo (fondos mutuos o comunes de inversión), etcétera.

Finalmente, en este paneo de reformas que vienen regulando de alguna manera los mercados de la globalización financiera, también los seguros están siendo objeto de normas internacionales. Los principios establecidos por el organismo internacional correspondiente –el IAIS– incluyen temas vinculados al buen gobierno de las compañías, a la protección del asegurado, normas de control internos y a la supervisión de actividades transnacionales.

El lavado de dinero y la globalización

Si bien no hay estimaciones oficiales del volumen de dinero que se *lava* en los mercados internacionales de capital, existe un gran consenso acerca de la importancia de este fenómeno, y también acerca de la necesidad de enfrentarlo con una amplia cooperación y supervisión, no sólo de los sistemas financieros de los países emergentes, sino también de las plazas *offshore* y de los propios sistemas financieros de los países centrales, responsabilidad que les cabe a estos países y a los organismos internacionales.

Al respecto, el Grupo de los Siete ha impulsado la creación de la Fuerza de Tareas de Acción Financiera contra el lavado de dinero (FATF). Durante la década de 1990, se formularon numerosos principios, posteriormente actualizados en el año 2000, que incluyen la tipificación como delito del lavado de dinero, normas de identificación de clientes del sistema financiero, normas de control interno, obligación de informar al regulador en caso de operaciones sospechosas, mecanismos de supervisión coordinada con el Poder Judicial y Ministerios de Justicia, acuerdos internacionales entre organismos de control, etcétera. En el año 2000, se efectuó una evaluación del cumplimiento de los principios establecidos y se detectaron quince países que no cumplían con los estándares mínimos.

Se deben tener en cuenta también los efectos económicos y extraeconómicos del lavado de dinero en las socie-

dades. Si bien estas actividades no generan *per se* crisis
financieras, están asociadas con debilidades en los sistemas financieros, manipulación de los mercados de capital y otras actividades fraudulentas. Particularmente, se
debe prevenir el endeudamiento vinculado a dinero ilí-
cito –muchas veces, autopréstamos–, así como la adquisición de sectores económicos lícitos como pantalla de
estas operaciones, lo que implica la necesidad de una
amplia cooperación entre reguladores, actividades judiciales, policiales e impositivas.

Sin embargo, si se hace un análisis global de la acción
regulatoria y de la política de formulación y monitoreo
del cumplimiento de los códigos y estándares, vemos
que el énfasis y el esfuerzo de los organismos de regulación internacional se centraliza más en las insuficiencias
propias de los mercados de los países en desarrollo, que
en problemas vinculados con la arquitectura global del
mercado y del sistema de actividades antes mencionado.

Actividades del Financial Stability Forum

Se ha visto ya que las preocupaciones de los países centrales por los efectos sistémicos potenciales de las crisis
que eclosionaron en los últimos años en el marco de la
globalización financiera dieron lugar a propuestas de reformas de la Arquitectura Financiera Internacional. A
tal efecto crearon en 1998 el *Financial Stability Forum*
(FSF). Desde entonces este organismo *virtual*, y los diversos organismos internacionales y gobiernos que lo
integran, han desarrollado sus actividades y han adoptado decisiones de importancia a través de cuatro grupos de trabajo, que tratan cuestiones vinculadas con los
inversores especulativos altamente apalancados (*hedge
funds*), con la implementación de códigos y estándares

en los sistemas financieros, con la regulación de plazas *offshore* y con las corrientes de capital. Veamos ahora lo que se ha avanzado en esas áreas, cuya importancia no puede subestimarse. Pero, antes de entrar en la consideración de esas cuatro áreas, cabe señalar que la prioridad que les asignan los grupos de trabajo del FSF muestra el sesgo en el enfoque de los organismos internacionales y del propio G7. En efecto, éstos se han concentrado mucho menos en factores desestabilizantes de los flujos de capital que dependen de regulaciones de organismos y gobiernos centrales, que en problemas relacionados más a la administración por parte de los países emergentes de sus compromisos y de sus sistemas financieros: volumen y composición de la deuda, regulación y supervisión financiera, equilibrios macroeconómicos, seguridad y transparencia de la información, incentivos a la inversión externa, etcétera.

El esfuerzo de los organismos internacionales de concentrarse mucho más en los países de la periferia que en los problemas globales no es independiente, por supuesto, de la asimetría de poder entre las naciones desarrolladas y el resto del mundo, reflejada en la estructura de gobierno de esos organismos. Pero cabe señalar también que hace ya mucho tiempo –desde la década de 1970– que los países periféricos han dejado de unirse para una efectiva defensa de sus intereses, salvo raras excepciones.

Regulación de los flujos de capital y actividades de los inversores especulativos

Revisando posturas anteriores a favor del desmantelamiento de todo control de capital, en el análisis posterior a las crisis, no faltan referencias a cómo la aplicación de controles selectivos de capitales había inmunizado a varios países de las crisis financieras, a diferencia de otros que habían abierto abruptamente la cuenta capital con un sector financiero débil y habían amplificado con políticas ortodoxas sus desequilibrios macroeconómicos. Estas referencias aparecen tanto a nivel académico como en informes de los propios organismos internacionales más ortodoxos.

Un avance significativo se observa en la preocupación por los desequilibrios financieros internacionales que causaban operaciones de los *hedge funds*. Si bien el énfasis se había centrado más en el grado de dependencia de los países emergentes que en el financiamiento con estos inversores, finalmente, la evidencia de los problemas generados en los sistemas financieros globales –y en algunos casos de ataques sobre monedas fuertes– por esos fondos altamente especulativos y sus formas de financiamiento, llevó a modificar las normas bancarias en los países desarrollados. Así, a través de los concordatos de Basilea se establecieron normas más estrictas, a efectos de desalentar el crédito que los bancos pueden efectuar a inversores especulativos, pero sin avanzar mucho más en la senda del documento preparado por el presidente del Banco Central de Alemania, Hans Tietmeyer, en oportunidad de la primera reunión del FSF en febrero de 1999 a solicitud del Grupo de los Siete, que recomendaba directamente "regular a los inversores especulativos no regulados" [*sic*].

Nuevamente, haciendo una analogía con los estándares, códigos y normas recomendadas a los países en desarrollo con otra dimensión de las relaciones internacionales, parecería ser que se trata de vender escudos misilísticos a nivel mundial y no de detener la carrera armamentista. Habría que ver quién se beneficia en el caso de las finanzas con la venta de armas y de escudos (financieros).

Un rasgo de la globalización financiera es la provisión de financiamiento y servicios financieros en forma integral, por conglomerados o *holdings* integrados por bancos, compañías de seguros, casas de bolsa e inversores institucionales (tanto fondos de pensión como fondos mutuos de diversa naturaleza). Como contrapartida, los entes de regulación a nivel nacional e internacional actuaban de manera fragmentada y sin coordinación. Estos grupos financieros aprovechan brechas regulatorias para obtener mayores ventajas, lo que tiende, en muchos casos, a comprometer la estabilidad del sistema financiero en su conjunto. En la Argentina, por ejemplo, los bancos han generado y conforman grupos financieros que controlan una parte muy significativa de los inversores institucionales locales como fondos de pensión (Administradores de Fondos de Jubilación y Pensión, AFJP), fondos mutuos (fondos comunes de inversión), sociedades de bolsa y compañías de seguro.

En varios países se han integrado los entes de regulación nacionales para evitar estas brechas regulatorias. El *Financial Service Authority* (FSA) de Gran Bretaña es el caso paradigmático; este ente agrupa en un solo organismo a los reguladores de bancos, valores, pensiones, fondos mutuos y seguros. Entre otros países con entes reguladores integrados podemos citar también Japón, Corea, los países nórdicos, Bélgica, Holanda, y aun Bolivia y Costa Rica, en América Latina. El ejemplo de acción multinacional lo ofrece, nuevamente, Europa.

En marzo de 2000, la Unión Europea encargó a un grupo de personalidades que presentara un plan de acción de mediano plazo para desarrollar los servicios financieros en Europa. En ese marco el comité de *Wise Men* (hombres sabios) presidido por Alexandre Lamfalussy, ex presidente del BIS, recomendó –entre otras iniciativas– que los países unificaran sus entes reguladores para mejorar su regulación y poder competir exitosamente con el mercado de capitales de los Estados Unidos.

Más allá del modelo de regulación elegido, y asumiendo que la unificación no implica integración efectiva de las funciones y que existen ventajas y desventajas en los distintos modelos, resulta clave, cuanto menos, una profunda interacción de los reguladores nacionales de los mercados de capital y una coordinación a nivel internacional para reducir los riesgos de la fluidez que caracterizan a los mercados internacionales de capital en el marco de la globalización financiera contemporánea.

Regulación de los centros offshore

Existen centros financieros *offshore* en naciones como Suiza, Luxemburgo, Singapur, Panamá, en ciudades como Londres, en las islas del Canal de la Mancha, en varias islas del Caribe y del Pacífico, por citar algunos. Su origen estuvo asociado al de los euromercados, que proveyeron seguridades para la Unión Soviética en el manejo de sus reservas en dólares, pero también a la creación de paraísos fiscales para empresas y personas que buscaban evitar o reducir pagos de impuestos. La *extraterritorialidad* de estos centros también ofrece facilidades para operar discretamente, con mínimas regulaciones, para movimientos financieros muchas veces vinculados con ilícitos bancarios, fiscales, de lavado de dinero, etcétera.

El grupo de trabajo del FSF encargado de estudiar la regulación de centros *offshore* propuso una metodología para clasificarlos en función de su nivel de supervisión y cooperación con entes reguladores de otros países. Se proponía monitorear en qué medida los centros *offshore* tomaban decisiones prudenciales y compromisos de mínima transparencia informativa, en particular, en lo referido a temas de lavado de dinero. En tal sentido, se los clasificó en tres categorías, la primera integrada por los que tenían adecuadas normas y supervisión, y eran cooperativos con reguladores mundiales; la segunda, los centros que eran cooperativos, pero con un nivel inadecuado de supervisión; y, una última categoría, por los que tienen deficiente supervisión y no están dispuestos a cooperar con el resto del mundo.

Aunque hasta el momento el FSF y el Grupo de los Siete no avanzó en la implementación de medidas concretas para obligar a los centros más desregulados y sospechados de tolerar actividades ilícitas, a prevenir y controlar dichas actividades, las crecientes presiones políticas y financieras los han obligado a una mayor cooperación con los países perjudicados por operaciones ilícitas. Y eso ya es un avance importante en la regulación internacional de los movimientos de capital.

Probablemente, los hechos terroristas ocurridos el 11 de septiembre de 2001 y la quiebra de Enron en diciembre de dicho año –donde quedó demostrado que las fuertes pérdidas se ocultaban a través del uso de firmas vinculadas, radicadas en centros *offshore*– generen una mayor demanda por controlar las operaciones financieras vinculadas con operaciones ilegales. De todos modos, el peso de los intereses en juego permite abrigar dudas sobre el desmantelamiento de estos centros que facilitan operaciones vinculadas con tráfico de armas y drogas, corrupción, terrorismo insurgente y de Estado, etcétera.

Sistemas cambiarios

La elección de los sistemas cambiarios fue y es la piedra angular tradicional de cualquier arquitectura del sistema monetario internacional, como lo fue el patrón oro entre finales del siglo XIX y principios del XX, y el patrón de cambios oro-dólar entre 1945 y 1973.

Luego de años de estabilidad con tipos de cambio fijo en el mundo de Bretton Woods, hemos visto fuertes movimientos y una profunda volatilidad en los tipos de cambio.

En la década de 1980, esta volatilidad se expresó en el fortalecimiento del dólar hasta 1985, seguido de su abrupto debilitamiento. El Grupo de los Cinco luego ampliado a Siete, generó acuerdos (Plaza, 1985, y Louvre, 1987) para intervenir en los mercados cambiarios y reducir estos desequilibrios.

Los desequilibrios cambiarios internacionales muchas veces han generado situaciones de crisis, tanto en la periferia como en los centros, como lo muestran la crisis europea de 1992, la del yen en la mitad de la década del noventa, etcétera.

Estas intervenciones, generalmente coordinadas entre los Bancos Centrales de Estados Unidos, Alemania y Japón, han servido para dar fuertes señales a los mercados, más allá de reconocer que la capacidad de las reservas internacionales es infinitamente menor que los activos de corto plazo en poder de inversores internacionales.

No obstante, esta asimetría se compensa cuando existen acciones estratégicas y concertadas de los países centrales, sin olvidar que no pueden prevenir, por sí mismas, corridas ante profundos y persistentes desequilibrios económicos, como fue el caso de la libra esterlina y otras monedas europeas en 1992.

La introducción del euro no sólo simplifica el mapa monetario europeo y le permite reducir los costos transaccionales entre las monedas nacionales, sino que introduce la posibilidad de generar una moneda con capacidad transaccional y reserva de valor, con capacidad potencial de discutir la supremacía del dólar como moneda hegemónica mundial, y que, de hecho, es la herramienta monetaria al servicio de un proyecto estratégico regional.

¿Qué ocurre por el lado de los países emergentes? Desde el punto de vista de los tipos de cambio, los centros están recomendando esquemas binarios absolutos para los países en desarrollo. Algunos autores pregonan las virtudes de la libre flotación de la moneda, y otros se inclinan por esquemas de cajas de conversión o, lisa y llanamente, por la adopción de una divisa extranjera fuerte que eliminara la moneda local.

Los argumentos para promover la flotación libre de la moneda radican en que este esquema minimiza la entrada de flujos de capital de corto plazo, debido a que no otorga un seguro de cambio implícito para aprovechar altas tasas de interés en moneda local por un lado, y en que da más flexibilidad a la economía, sin producir deterioro de competitividad, por otro.

Además, el ajuste se produce en el precio y no en la cantidad de reservas, lo que permite mantener un *stock* de reservas como medida de defensa. No obstante, otros reconocen las virtudes del tipo de cambio fijo como ancla para estabilizar los precios, dar confianza y mayor transparencia en los precios.

La elección del sistema cambiario depende de las particularidades nacionales y del contexto histórico, en especial, de la experiencia hiperinflacionaria, del nivel de dolarización de activos, y pasivos y del momento del ciclo económico. Generalmente, la caja de conversión (convertibilidad) es útil en momentos de hiperinflación y gran inestabilidad para recrear la confianza y estabilizar, pero presenta dos dificultades básicas.

En el corto plazo, dada su naturaleza procíclica, debe ser atenuada con medidas de política fiscal contracíclica para así evitar períodos de abundante entrada de capital seguidos de otros de salida de los mismos.

En el largo plazo, implica resignar para siempre la capacidad de tener una herramienta más de política, junto a la fiscal y de sector externo, para atenuar los ciclos económicos. Salir de este régimen es muy difícil y se debe hacer en momentos de confianza interna, apoyo externo, estabilidad internacional, crecimiento de la economía y elevadas reservas. Otra forma de salir de este esquema es entrando en una unión monetaria con otros países.

Queda claro que ningún sistema cambiario es para siempre y que ninguno tiene virtudes *per se*, como en todo, hay que ser pragmático y elegir el sistema que mejor se adapte a la realidad local y al momento histórico en cuestión. Pero está probado que lo relevante es el contexto global y las buenas políticas internas más que la política cambiaria elegida. Con estos dos requisitos funciona casi cualquier sistema cambiario y, contrariamente, ninguno funciona en ausencia de estos equilibrios globales y nacionales.

Con respecto a la dolarización y a sus consecuencias para un país como la Argentina, ella implica no sólo el renunciamiento a la moneda y a la capacidad de efectuar política monetaria, sino que no reduce el problema fiscal y hasta lo agrava en la medida en que conlleva la pérdida de los recursos provenientes de los intereses por las reservas internacionales, que nadie en el mundo está dispuesto a compensar.

Además, supone anular toda posibilidad de generar un prestamista de última instancia ya que la Reserva Federal de los Estados Unidos no tendría el más mínimo compromiso con la solvencia del sistema financiero argentino. La posibilidad de efectuar una unidad monetaria con los Estados Unidos es, hoy por hoy, una quimera, y eventualmente podría ser una opción para la región en su conjunto sobre bases muy diferentes a la adopción lisa y llana de su moneda.

Por otra parte, un tema importante para una nación que pretenda ser soberana (y la soberanía monetaria es una faceta más de la soberanía real) es la recuperación del ahorro y el crédito en moneda local.

La importancia de esto radica en que el uso de una moneda implica financiar a tasa de interés 0% al Tesoro del país que la emite. Argentina no se puede financiar a tasa 0% en moneda extranjera, y tampoco puede actualmente hacerlo en su moneda, porque sólo puede emitir contra reservas internacionales en el actual régimen de convertibilidad. Sólo los dieciséis países más pequeños o menos confiables del mundo han resignado la facultad de poner la moneda al servicio de las necesidades del crédito y la producción.

Y, si el problema es global, ¿qué hacemos?

Luego de haber estudiado las crisis y visto los limitados avances que se hacen en la anunciada Nueva Arquitectura Financiera Internacional, y de haber caracterizado la situación actual de relativo *statu quo* para una reforma necesaria, la pregunta que podríamos formularnos sería qué pueden hacer las economías emergentes, en particular las de América Latina, para reducir los efectos de los *shocks* internacionales que aquí y allá tienen efectos devastadores sobre ellas. Las crisis y su recuperación nos muestran diferencias importantes entre los países afectados. Diferencias de las estructuras económicas y políticas, de sus equilibrios macroeconómicos, de sus sistemas financieros y, en particular, de la gobernabilidad y grados de libertad de sus políticas económicas.

Esto tiene particular importancia para el caso de Argentina, inmersa ya en una crisis de tal magnitud que refleja no sólo el grado a que ha llegado su dependencia financiera externa, sino –lo que es más grave y profundo– que revela décadas de errores y horrores políticos, económicos, sociales...

¿Cómo podemos, mientras los arquitectos discuten con parsimonia sobre arquitectura, ingeniería o simples refacciones, sostener internamente los techos, las paredes que se caen, los cimientos que crujen?

Por supuesto que estamos en el mundo y que es casi imposible escapar a ciertas tendencias globales, pero también vimos que las crisis financieras no son aleatorias, ni atacan a todos por igual, más allá de las imperfecciones del mercado y las conductas *irracionales*.

Al menos, debemos entender por qué razones los países entran en crisis y, entonces, hacer todo lo posible para tener políticas de desarrollo que generen sustentabilidad económica y social. Hasta los mismos acreedores ya han llegado a la conclusión de que, llevados al límite, los ajustes minan la capacidad de pago, o sea, la solvencia misma del país.

El mundo periférico, América Latina, la Argentina misma deben reconocer que estamos ante un nuevo contexto global. Luego de las crisis que vimos, y en especial de la crisis rusa, hay menos liquidez disponible para los países emergentes y los inversores han incrementado su aversión al riesgo. Además, la extraña situación bélica planteada luego del atentado a las Torres Gemelas de Nueva York aumenta la incertidumbre financiera global. Y, a mayor incertidumbre, mayor aversión al riesgo en países periféricos.

En este contexto, la apertura financiera exterior debe ponerse en cuestión, lo mismo que el desmantelamiento de los mecanismos de protección comercial, y debe encuadrarse en políticas nacionales de desarrollo. Estas

141

políticas, en la periferia, se hacen más viables y ventajosas en procesos de integración regional, como el Mercosur, donde el renunciamiento a ciertos márgenes vulnerables de soberanía económica da ganancias de soberanía efectiva, a condición de avanzar por una coordinación de políticas que fortalezca a todos los socios. Como ejemplo de integración de un grupo de países en desarrollo, el Mercosur, estratégicamente concebido y bien ejecutado, permite a sus miembros ganar escala, generar un polo de poder político y económico regional, mejorar su capacidad competitiva y de acceso a más mercados. Por supuesto que se trata de construir una integración balanceada, tomando como ejemplo la que parece conseguir la Unión Europea, cuyos miembros han ido reduciendo cada vez más su asimetría inicial.

Una creciente integración entre países en desarrollo es la oportunidad de adecuarse a un mundo donde el nivel de Estado nación, particularmente en países de la periferia, debe pugnar por preservar una mínima capacidad de regulación ante la creciente concentración de los grupos económicos transnacionales y ante la creciente integración de bloques regionales políticos y económicos.

Otras iniciativas

Las crisis aguzan el ingenio y son terreno de prueba y confrontación de acreedores, deudores, intermediarios y árbitros, incluyendo entre éstos a los organismos internacionales, a pesar de que su imparcialidad es muy cuestionable. Pues hasta ahora los propios acreedores han salido con menos pérdidas, y a veces hasta con ganancias, como puede comprobarse en la abundante literatura analítica de cada crisis y de la serie de ellas, y sus insistencia en los *riesgos morales* y la asimetría de información y de poder.

La aspiración a una Nueva Arquitectura Financiera Internacional engloba, de cierto modo, a muchas de las iniciativas sugeridas y algunas ya puestas en práctica. Pasemos revista ahora rápidamente a otras que han surgido de distintos actores y que se mantienen en las discusiones sobre lo necesario, lo conveniente y lo posible.

Diversas iniciativas tienden a proteger, en casos de crisis, intereses de acreedores y deudores. Obviamente, se trata de que estos últimos, países en desarrollo en general, reduzcan los costos económicos y sociales de las crisis; para los acreedores, se trata de asegurar que recuperen capitales invertidos con riesgo indefinido. Desde una perspectiva más global, siempre se busca proteger a los sistemas financieros nacionales e internacionales. Desde los países centrales, se busca amparar a sus propias instituciones de los efectos de las crisis y limitar la caída en las exportaciones a países en crisis. Muchas veces, claro está, existen relevantes razones geopolíticas, como en el notorio caso de Rusia.

Enumeraremos aquí algunas de las principales iniciativas que no cabría incluir entre las consideradas en el marco del *Financial Stability Forum*, aunque sí podrían caber en las reformas para una genuina Nueva Arquitectura Financiera y Monetaria Internacional.

Es conocido el caso de las reestructuraciones de deudas de países latinoamericanos a comienzos de la década de 1990, conocidas como planes Brady, con garantías de organismos internacionales y aun de bonos del Tesoro de los Estados Unidos. Cabe señalar que hubo casos de reestructuraciones de deuda pública con posterioridad, en países como Rusia, Pakistán, Ucrania y Ecuador. Y que, al momento de terminar de escribir estas páginas, la Argentina está empeñada en una aventura de reestructuración de su deuda pública, canjeando títulos de más corto plazo y alta tasa de interés por otros de vencimientos más largos y a tasa de interés menor. El argumento es que, de esta manera, la deuda se hace más *pagable*, y que los acreedores preferirán reducir un gran riesgo de pérdida de capital, al costo de un menor retorno (siempre la valoración de un activo financiero se relaciona con el riesgo que tal activo implica). Parece que los resultados de la refinanciación de la deuda argentina pueden ser un caso testigo de este tipo de negociaciones para crisis futuras.

Existen propuestas de varios economistas de reputación internacional –y de la academia de los Estados Unidos– para que se reconozca una quita o pérdida del capital (en el caso argentino, economistas de prestigio han propuesto quitas de hasta el 30 y 40% del capital), con el argumento básico que sostiene que, de otra manera, la deuda sería impagable para los deudores. O sea, reconocen que la crisis que se viene no es de liquidez, sino de solvencia o capacidad de pago a mediano plazo. Otros enfoques sostienen que las reestructuraciones o los canjes deben efectuarse en condiciones de mercado, postergando pagos o reduciéndolos mediante la existencia de garantías de organismos internacionales o de recaudaciones del deudor.

Otras iniciativas proponen que los países que se vean amenazados por crisis de pagos recompren su deuda con descuento, fijando un precio piso, con financiamiento de organismos internacionales, ya sea bajo esquemas voluntarios u obligatorios. Hay quienes proponen que sólo se acepte reestructurar la deuda de países que refuerzan su sistema financiero para evitar el riesgo sistémico, facilitando la adquisición de bancos locales por extranjeros (éste fue el modelo de la Argentina después de la crisis de 1995, lo cual fortaleció ese sistema pero no evitó la crisis de arrastre por sobreendeudamiento, desequilibrios macroeconómicos o fenómenos globales).

144

Un conjunto de propuestas más ambiciosas apunta a la aplicación de leyes de quiebras más flexibles que se aplican en países desarrollados a crisis que tienen en su epicentro a gobiernos y mercados de países periféricos. Se trataría de evitar quiebras de consecuencias sistémicas, facilitando reestructuraciones más rápidas y con menos costos, y reduciendo así los peligros del círculo vicioso devaluación-incobrabilidad de préstamos-caída del sistema financiero. En los países como los Estados Unidos donde se aplica a situaciones de quiebra privada, de lo que se trata es de preservar los intereses de acreedores y deudores alineando sus intereses. Con este fin se otorga nuevo financiamiento en condiciones privilegiadas a la empresa, para que pueda seguir funcionando con la expectativa de regularizar su situación financiera. Interesante es también el caso de Canadá, que en 1998 promovió una ley similar para quiebras de entidades públicas, particularmente municipales.

El FMI se encuentra analizando la posibilidad de *bendecir* la cesación de pagos temporal de un país, y de otorgar de financiamiento en el marco de una *reestructuración amistosa* de la deuda de un país, además de la aplicación de salvaguardas judiciales en las jurisdicciones de los países centrales para proteger al deudor de la posibilidad de litigios y embargos promovidos por inversores que no se avengan a renegociar la deuda.

Finalmente, hay propuestas más globales, surgidas en los países al borde de ataques de crisis, donde se contempla la reestructuración programada de los pasivos externos en general, incluyendo pagos de capital e intereses de deudas públicas y privadas, así como remesas de utilidades y dividendos de empresas extranjeras con negocios en el país al borde de la crisis, en el marco y como parte de un programa de desarrollo de mediano plazo que devuelva la solvencia al país en crisis.

Reflexiones finales

A pesar de la diversidad en la experiencia de las crisis bancarias asociadas a las crisis externas de mercados emergentes, se puede extraer una conclusión general: la gobernabilidad de la economía de un país periférico, en el marco de la globalización financiera, no puede dejarse simplemente librada a los vaivenes del mercado financiero internacional.

La globalización financiera y sus perspectivas ofrecen a los países periféricos, oportunidades importantes de complementar el ahorro nacional para asignar recursos –en una articulación virtuosa de Estado y mercados– en función de las necesidades de su propio desarrollo. Por otro lado, plantean la necesidad de adoptar políticas que eviten los riesgos de los vaivenes del ciclo de crédito externo, sobre todo de su volatilidad vinculada al sector especulativo de las finanzas internacionales.

Los ingresos de capital representan ingresos de ahorro externo. En algunos casos, esto ha significado sustitución de ahorro interno: ocurre cuando los ingresos de capitales estimulan fuertemente el consumo interno, que es la contracara del ahorro. En otros, esto ha complementado y aun estimulado el ahorro. El análisis y la experiencia abonan una clara lección: el ahorro externo puede ser complementario del esfuerzo interno, pero la política de desarrollo de un país periférico no puede someterse a la disponibilidad de capitales externos y, menos aún, a las condiciones y dictados de las finanzas internacionales que suelen acompañarlos. La globalización financiera contemporánea ofrece oportunidades y presenta peligros para el desarrollo con equidad de los países de América

Latina. Una inserción adecuada en esa globalización debe maximizar las oportunidades y minimizar sus riesgos.

Luego de haber analizado las distintas crisis, cada vez más frecuentes, y las iniciativas de reforma, puede decirse entonces que cada vez hay más consenso en que la existencia de reglas claras y de un sistema ordenado son requisitos básicos para la estabilidad financiera internacional, en beneficio tanto de los países grandes como de los pequeños, de deudores y de los propios acreedores. Pero también tenemos conciencia de que los intereses que se amparan en las condiciones actuales de la globalización financiera son muy poderosos y resisten con bastante éxito las fuerzas de la regulación. Los mercados, hasta ahora, van ganando batallas a los estados, en el juego de la globalización financiera contemporánea. Las crisis de efectos sistémicos, sin embargo, exigen la concertación y coordinación de ambas partes. Y es poco lo que se ha avanzado en esta dirección, como hemos visto al tratar las reformas de la Nueva Arquitectura Financiera Internacional y los trabajos del mayor grupo de poder público concentrado en el *Financial Stability Forum*.

Algún autor ha hecho una analogía del sistema financiero con una autopista: si choca un automóvil, se tenderá a pensar que la culpa es del conductor. Lo mismo puede pensarse en caso de que choquen algunos automóviles cada tanto. Pero si es frecuente que choquen varios automóviles en cadena, uno puede, razonablemente, comenzar a pensar que el problema es de la autopista y que se necesita mejorar las regulaciones de tráfico, el pavimento, la señalización, etcétera.

En un análisis global del sistema financiero, vemos que hace falta revisar integralmente sus componentes, especialmente a partir de la existencia de una mayor cantidad de participantes (emisores públicos y privados, inversores, mercados, etcétera), un contexto de liberalización, una ingeniería financiera que crea mayores riesgos como contrapartida de mayores beneficios eventuales, y un desarrollo tecnológico que multiplica exponencialmente las posibilidades de operar en forma instantánea y que, si bien permite una mayor información, no garantiza que sea eficiente, veraz o simétrica.

Existe consenso en que la liberalización financiera ofrece beneficios, pero entraña ciertos riesgos como una mayor volatilidad, exacerbación de desequilibrios, y fundamentalmente, contagio. En forma más técnica, puede afirmarse que los beneficios netos efectivos no son claros, ya que las estimaciones de correlación entre la apertura financiera externa y el nivel de crecimiento económico de largo plazo es, cuanto menos, endeble.

La creación del *Financial Stability Forum* es un paso positivo, pero no implica por sí misma una solución global ni cabal al problema del rol, estructura de gobierno, calidad de políticas y recursos disponibles de los organismos internacionales financieros y regulatorios. Desde el punto de vista de los recursos disponibles y la estructura de gobierno, el FMI continúa prácticamente, funcionando como en el mundo de Bretton Woods, donde se necesitaban escasos recursos para cubrir pequeños desfases de cuenta corriente y había controles de capital.

Las nuevas situaciones de crisis y contagios han planteado la necesidad de que haya una suerte de autoridad monetaria global o prestamista internacional de última instancia. Se duda de que el FMI o el BIS puedan cumplir ese rol, pero también se ha descartado su creación porque se considera políticamente inviable que los Estados Unidos y demás países industrializados puedan hacer la cesión de soberanía monetaria internacional que ello implicaría. Lo verdaderamente relevante es tener claro que algún organismo debería cumplir esa función de prestamista de última instancia, para preservar la integridad del sistema, entendiendo a éste como a los sistemas financieros en su conjunto.

Con referencia a la cuestión del riesgo moral o *moral hazard*, se debe diferenciar el tratamiento entre la necesaria protección a los inversores pequeños respecto de los inversores sofisticados que sí deben hacerse cargo plenamente de sus decisiones. Al respecto, cabe señalar un tema que vincula el riesgo moral con nuevas propuestas relativas al financiamiento internacional: la creación de una agencia aseguradora de deuda, al estilo de los esquemas de seguro de depósitos, donde deudores y acreedores deberían contraer solidariamente estos seguros, evitando el costo de los rescates en terceros no directamente involucrados (casos de *contagio*, por ejemplo).

De todos modos, en este mundo de libre movilidad de grandes capitales y donde los fondos privados exceden con creces las reservas internacionales de los principales Bancos Centrales, se requieren mayores recursos disponibles para los organismos internacionales, por vía de emisión de las DEG o transferencias de los países centrales, un funcionamiento efectivo de líneas de crédito contingentes, con pautas claras de políticas y procedimientos de desembolso con el objetivo de prevenir crisis de liquidez y motivos de contagio. Una alternativa es que el FMI o una agencia/fideicomiso capte fondos como un gran organismo anticíclico que administre fondos excedentes en el auge y los libere en la depresión. Además, queda siempre vigente la posibilidad de instrumentar ideas como el llamado *Tobin Tax* o impuesto a las transacciones financieras internacionales, que no sólo es apoyado por la UNCTAD, los países deudores o las ONG, sino que cuenta con apoyo de varios gobiernos de la Unión Europea. Para que este impuesto sea exitoso, su base de aplicación debería ser universal, lo que requiere de una firme decisión política del Grupo de los Siete.

El desarrollo de las crisis y sus efectos agregan argumentos a los ya conocidos para revisar las condicionalidades de los programas de ayuda, que efectivamente puedan promover reformas estructurales que aseguren crecimiento sostenido (como, por ejemplo, las políticas anticíclicas que aplican los mismos países centrales), y no tiendan meramente a liberalizar sin control. Parece oportuno que los organismos internacionales hagan ya su autocrítica sobre la recomendación, cuando no imposición y aplicación acrítica y ahistórica de los "consensos" [*sic*] de Washington a los países emergentes, incluso en aquellos que tuvieron un buen desempeño durante décadas, como los países asiáticos. Se debe pensar en verdaderas reformas de segunda generación y no en la generación repetida de reformas *de segunda*.

En las crisis depresivas –por ejemplo, la de Suecia en su grave crisis fiscal y externa de 1992– o recesivas –como la de los Estados Unidos en 2001– los países centrales tienden a estimular la demanda agregada mediante una política fiscal y monetaria expansiva. Pero como dijo Paul Krugman, la política de los organismos internacionales refleja el poder de gobiernos, que parecen sostener el "haz lo que yo digo, pero no lo que yo hago". Así inducen a países emergentes en crisis a aplicar políticas más restrictivas, con lo que aquellos que siguen sus consejos no sólo no crecen, sino que no generan capacidad de pago, perpetuando sus crisis.

Entendemos que los economistas y los políticos de la periferia –y los organismos internacionales– deberían generar, para estos países, una combinación apropiada de ortodoxia económica, con una visión pragmática, adecuada al momento y a la vastedad y riqueza de realidades institucionales, experiencias culturales y sociales.

Con respecto a cuestiones que afectan al sistema propiamente dicho, vimos que no se avanzó, en lo que hace a la responsabilidad de los países desarrollados en las estabilidad del sistema financiero mundial, con el mismo celo que el puesto en la formulación y monitoreo de estándares y códigos para los países emergentes. La agenda pendiente para los países desarrollados incluye a sus propios desequilibrios externos y cambiarios, regulaciones y controles a los movimientos de corto plazo de carácter especulativo, prevención del lavado de dinero en los propios países centrales y regulación de centros *offshore*, para citar los temas de mayor importancia.

No es utópico aspirar a un mayor celo de los países centrales en modificar cuestiones básicas del funcionamiento global de los mercados. Lo hacen cuando experimentan las crisis en carne propia, como ocurrió con la misma creación del *Financial Stability Forum* en 1998. Para tomar un caso más reciente y dramático, citemos el caso de la crisis desatada por el atentado a las Torres Gemelas. Los Bancos Centrales de los Estados Unidos y Europa no sólo bajaron rápidamente las tasas de interés para frenar los impulsos recesivos, sino que crearon equipos interreguladores de monitoreo de los mercados; modificaron regulaciones de funcionamiento de sus mercados para sostener las cotizaciones de sus empresas; autorizaron a los fondos mutuos a dar crédito y recibirlo; se establecieron acuerdos entre bancos para sostener cotizaciones, además de fuertes paquetes de ayuda financiera a sectores afectados, incluyendo a las compañías de seguros y de aviación.

Ni una sola voz se oyó, en este caso, para criticar los rescates, ni se habló de *riesgo moral*, ni se pidió limitar la ayuda pública para sostener a las bolsas y a los deudores, como sí se hace cuando se presta apoyo financiero a los países emergentes, a pesar de que esta ayuda, en realidad, refuerza a sus propios sistemas financieros, promueve las propias exportaciones de los países centrales, minimiza la inmigración ilegal a sus países, e incluso sirve a sus propios intereses geopolíticos ¿Podemos esperar que la extraña guerra desatada provoque un avance más significativo en una mayor regulación de centros *offshore*, así como un avance en acuerdos de remisión de información de inversiones en el exterior, que permitirían detectar fraudes y evasión impositiva, con la consiguiente reducción de la vulnerabilidad financiera externa y alguna ventaja fiscal para los países en desarrollo?

El énfasis en la necesidad del ejercicio de la responsabilidad de los gobiernos de los países centrales y de los organismos internacionales con respecto al funcionamiento del sistema y los componentes globales de la crisis, no implica, en ningún caso, eximir de responsabilidad a las clases dirigentes, públicas y privadas, de los países emergentes por su propia cuota de culpa –siempre necesariamente presente– en las crisis nacionales.

Dejemos ahora espacio para algunas reflexiones personales sobre nuestro país, la Argentina. Entre los países emergentes que aprovecharon oleadas de capital internacional y sufrieron reiteradas crisis financieras, la Argentina fue uno de los que menos aprovechó las oportunidades en los momentos de auge y, por ende, uno de los más severamente castigados. Prevalecieron intereses particulares y sectoriales internos y externos, privó una combinación de políticas erráticas e ideologismo fundamentalista, faltó, a nuestro entender, una visión estratégica y pragmática.

Países comparables al nuestro, como Chile, Brasil, México, los países de Asia, muestran una estrategia de desarrollo y defienden su mercado. Eligieron el pragmatismo según las circunstancias, aun dentro de los delgados límites de lo posible. De hecho, los propios mercados financieros internacionales los favorecen porque *hacen lo que ellos hacen, y no lo que dicen.*

Si bien a eso nos hemos dedicado a lo largo de estas páginas, tenemos en claro que las soluciones no pasan, exclusivamente, por los favores de las corrientes internacionales de capital, aun dentro de un mundo donde la esfera de la globalización financiera condicione la esfera de la producción, el comercio y el trabajo.

Se ha visto con frecuencia que la errática disponibilidad de dinero internacional ha sido usada con irresponsabilidad compartida entre inversores y receptores de los recursos financieros. También hemos visto en las crisis que la *disciplina de mercado* suele llegar tarde y es, muchas veces, inapropiada y exagerada. El mercado no es una abstracción, sino una realidad social que expresa intereses y conductas humanas y, por lo tanto, no sólo genera *fallas* –como acepta la teoría económica– sino también injusticias, en tanto no todos tienen las mismas posibilidades ni recursos para influir y actuar en el mercado. En este caso, entra en juego el Estado como árbitro y regulador, entendiendo al Estado no como un presupuesto o una abstracción –aunque a veces se le parece–, sino como entidad que debe expresar la voluntad y el interés general.

Esto supone, para nosotros, el compromiso de la sociedad civil para devolver al Estado, en un proceso democrático, el protagonismo y la participación que tuvo, y no sin éxito, como demuestra una lectura objetiva de la recuperación de la Gran Depresión, de las dos décadas *doradas* de posguerra, de un largo período de crecimiento económico y progreso social a través del últimamente difamado *Estado de bienestar*.

Supone, también, un compromiso internacional y una revisión del fundamentalismo económico dominante. No se subestima en absoluto la necesidad de acción responsable, de prudencia financiera y de plena conciencia de las restricciones, pero en el marco de una visión global y de largo plazo que trascienda el reduccionismo financiero, esto es, el predominio de lo financiero sobre lo productivo.

La justificación histórica de la globalización financiera ha de buscarse en su aporte a la creación y distribución global de riquezas. Es decir, reside en lo que pueda contribuir a un progreso humano mejor distribuido en las sociedades de distintas regiones del mundo. Para ello, se ha visto, es necesario concertar una cabal Nueva Arquitectura Financiera Internacional. La responsabilidad central corresponde en este punto a los países e intereses más poderosos. Pero ello no reduce la tarea a realizar por las naciones en desarrollo o mercados emergentes. Es hora de pensamiento crítico y, fundamentalmente, de acción para aprovechar con inteligencia los estrechos márgenes de maniobra en aras de dicho objetivo. Vale la pena. En cualquier caso, y como señalaba Gramsci, antepongamos "el optimismo de la voluntad sobre el pesimismo de la inteligencia".

Índice

Primera parte:
La globalización financiera contemporánea
[21]

Segunda parte:
**Crisis recientes y reformas de la Arquitectura
Financiera Internacional**
[73]

Se terminó de imprimir en el mes de agosto de 2002
en los Talleres Gráficos Nuevo Offset
Viel 1444, Capital Federal
Tirada: 1.500 ejemplares